맛있는 과일 문화사

맛있는 과일 문화사

첫 번째 찍은 날 | 2018년 4월 12일

글 도현신
펴낸이 이명회 | 펴낸곳 도서출판 이후 | 편집 김은주

표지 및 본문 디자인 | (주)끄레 어소시에이츠

글 ⓒ 도현신, 2018

등록 | 1998. 2. 18.(제13-828호)
주소 | 10449 경기도 고양시 일산동구 백석동 1324 동문타워 2차 1004호
전화 | (대표) 031-908-5588 (편집) 031-908-1357 팩스 02-6020-9500
블로그 | blog.naver.com/dolphinbook
페이스북 | facebook.com/smilingdolphinbook

ISBN | 978-89-97715-56-5 43900

이 도서의 국립중앙도서관 출판시도서목록(CIP)은
e-CIP 홈페이지(http://www.nl.go.kr/cip.php)에서 이용하실 수 있습니다.
(CIP 제어번호: CIP 2018008747)

꽃의 걸음걸이로, 어린이와 함께 자라는 웃는돌고래
웃는돌고래 는 〈도서출판 이후〉의 어린이책 전문 브랜드입니다.
어린이의 마음을 살찌우고, 생각의 힘을 키우는 책들을 펴냅니다.

생 각 하 는
돌 고 래
0   0   3

알고 먹으면 더 맛있는 과일 이야기

맛있는 과일 문화사

도현신 지음

웃는돌고래

차례

정말? 몰랐어!

수박, 딸기, 사과, 포도, 복숭아, 귤, 바나나, 파인애플, 감, 토마토…… 시마다 때마다 어김없이 우리 식탁에 올라오는 과일들이다. 그러나 사람들은 이 과일들을 맛있게 먹으면서도, 정작 과일들에 얽힌 세계사적인 흐름과 전개 과정에 대해서는 잘 알지 못한다.

인문학이 위태롭다는 말이 들리고, 청소년과 젊은 세대들이 역사에 관심이 없어 큰일이라고 걱정들을 한다. 그런 말이 완전히 틀린 것은 아니지만, 그 책임을 온전히 독자들에게만 돌릴 수는 없다. 더 쉽고 재미있게 다가갈 수 있는 책을 내지 못한 작가와 출판사에도 책임이 있기 때문이다.

세계사에 관심이 많은 청소년들이 즐겁게 읽었으면 좋겠다고 생각하면서 쓴 책이다. 세계사라는 다소 어렵고 딱딱한 분야를 친숙한 소재인 과일을 통해서 쉽고 흥미롭게 접근해 주었으면 좋겠다. 우리가 흔히 먹었으나 잘 몰랐던 과일에 얽힌 이야기를 통해 즐겁게 만나 주었으면 하는 바람을 담았다.

이 책을 읽는 독자들이 "정말? 몰랐어!" 해 주신다면 나로서는 더 바랄 것이 없다.

그럼, 지금부터 즐거운 마음으로 책장을 넘겨 주시기 바란다.

2018년 3월
도현신

1장

수박

영혼을
위로하는
소울 푸드

여름 하면 어김없이 생각나는 과일이 바로 수박이다. 더위로 지칠 때 시원한 수박 한 입 베어 물면 거기가 바로 피서지다. 수박은 수분 함량이 90퍼센트 이상일 정도로 물기가 많고 달콤해서 더운 여름철에 먹기에 딱 알맞은 과일이다. 또 다른 과일보다 커서 가족이나 친구들과 함께 나눠 먹기에도 좋다. 그냥 썩썩 잘라 먹어도 좋고, 잘라서 화채로 먹어도 좋다. 다만 좀 무거워서 낑낑 들고 날라야 하는 일이 수고스럽긴 하지만, 그것만 감수하면 더할 나위 없이 큰 즐거움을 선사한다. 수박 없는 여름 풍경은 상상하기 힘들다.

　그런데 우리가 수박을 즐겨 먹기 시작한 건 언제부터였을까? 수박을 한자로는 '서과西瓜'라 한다. '서쪽에서 온 과일'이란 뜻인데, 수박의 원산지는 저 머나먼 아프리카다. 수박 농장에 가 보면 알겠지만, 수박은 덥고 햇볕이 강하게 내리쬐는 기후에서 자라야 당도가 높아져서 단맛이 더욱 강해진다. 서아시아나 아프리카같이 덥고 햇빛이 강한 지역에서 재배한 수박을 먹어 보면 그야말로 꿀맛이라고 할 정도로 달콤하다. 햇빛이 약한 지역에서 재배하면 단맛이 별로 느껴지지 않고, 그저 물기만 많은 맛없는 과일이 되고 만다.

아프리카에서 자라던 수박이 중국으로 건너온 것은 10세기경이다. 우리나라에 들어온 것은 13세기 고려 때, 원나라를 통해서라고 알려져 있다.

고려 사람들도 지금 우리처럼 수박을 즐겨 먹었을까? 사람 심리란 게 처음 보는 낯선 것을 대하면 일단 경계하기 마련이다. 허균이 쓴 《도문대작》에는 낯선 수박을 개경에 처음 심은 사람은 고려를 배신하고 몽골에 귀화하여 고려 사람을 괴롭힌 홍다구(1244년~1291년)였다고 기록되어 있다. 당시 고려 사람들에게 수박이 곱게 보였을 리 없다. 홍다구의 할아버지와 아버지는 고려를 침략한 원나라에 투항해 앞잡이 노릇을 했다는 이야기가 전한다. 홍다구 역시 원나라의 신하가 되어 고려를 감시했고, 삼별초를 토벌하는 데도 앞장섰다. 그런 홍다구가 들여온 과일이 바로 수박이다. 고려 사람들이 재수 없다고 거들떠보지도 않았을 것 같다.

당연한 말이겠지만, 수박에는 죄가 없다. 처음에는 선뜻 손이 가지 않았을지 모르나, 맛있는 걸 거부할 수 있는 자가 얼마나 되랴. 고려인들은 점점 수박의 매력에 빠져들었던 것으로 보인다. 고려 말의 정치가이자 시인이었던 목은 이색 (1328~1396)은 문집 《목은집》에서 수박의 맛을 이렇게 칭찬했다.

> 수박을 맛보았는데
> 승제가 얻어 온 것이다
> 마지막 여름이 이제 다해 가니
> 수박을 이미 먹을 때가 되었도다
> 하얀 속살은 얼음처럼 시원하고
> 푸른 껍질은 빛나는 옥 같구려
> 달고 시원한 물이 폐에 스며드니
> 신세가 절로 맑고도 시원하구나*
> 嘗西瓜. 承制所得
> 季夏今將盡 西瓜已可嘗
> 龍喉游近旬 鶴髮在高堂
> 瓣白氷爲質 皮靑玉有光

* 〈한국고전번역원〉 번역 http://db.itkc.or.kr/

甘泉流入肺 身世自淸涼

수박 맛을 이렇게 실감나게 표현하기도 쉽지 않아 보인다.
몇백 년이 지난 지금 읽어 봐도 바로 느낌이 통하는 글이다.
그 시절에도 한여름 수박 맛은 이리 달콤했던 모양이다.

조선 시대 선물로는
수박이 으뜸이라

고려 시대부터 시작된 수박 사랑은 조선 시대에도 계속되었
다. 왕실에서는 해마다 6월이면 하늘에 제사를 지냈는데, 이때
도 수박을 상에 올렸다. 그래도 요즘처럼 비닐하우스에서 기
르는 기술도 없었던 때니 누구나 쉽게 먹는 과일은 아니었을
것이다. 수박 때문에 빚어진 불상사가 역사서에 기록되어 있기
도 하다.

《세종실록》에 따르면, 세종 5년(1423)에 궁궐 주방을 맡고
있던 내관 중에 한문직이란 자가 있었다고 한다. 임금께 올리
거나 왕실에서 쓰는 귀한 수박을 도둑질해 먹었다가 들켜 곧
장 백 대를 맞게 됐다. 한 대도 아니고 백 대라니, 그깟 수박

수박 | 영혼을 위로하는 소울 푸드

수박과 들쥐

한 통 때문에! 귀양까지 간 한문직을 생각하면 좀 답답하기도 하다. 그깟 수박이 뭐라고 목숨 걸고 훔친단 말인가. 임금님이 드실 수박을 훔치다 걸리면 중벌을 받는 걸 몰랐을 리도 없는데……. 한문직은 오죽 수박이 먹고 싶었으면 그랬을까 싶어 그나마 이해라도 되는데, 아무리 기강을 세우는 일이었다고는 하나 수박 한 통에 곤장 백 대, 거기다 귀양까지 보낸 쪽은 좀 심하게 과했다 싶다. 좀 살살 하시지. 그 시절 사람들에게 수박이 그만큼 대단한 과일이었다는 얘기겠다.

그런가 하면 야사인 《기재잡기》에 의하면, 세조 때의 공신인 홍윤성도 수박을 무척 좋아했다는 이야기가 나온다. 홍윤성은 세조가 단종을 몰아낸 '계유정난' 때 많은 공을 세운 인물이다. 그러나 거칠고 난폭한 성미 때문에 주위에서 많은 지탄을 받았던 인물이었다. 그런 그에게도 인간적인 면이 있었으니, 수박에 얽힌 일화가 바로 그것이다.

언젠가 홍윤성이 달밤에 홀로 앉아 있다가 심심했던지 말재주 있고, 익살을 잘 부린다고 소문난 이웃을 불렀다.

지금 달은 밝고 바람은 고요하며 안석도 서늘하여 자려 해도 잠이 오지 않는데, 자네가 무슨 말을 가지고 나의 심심함을 풀어 주고 내 마음을 즐겁게 하여 주겠는가? 말해 보

라. 내가 담 밖에 있는 조그만 집을 자네에게 줄 터인데, 종신토록 편안히 지낼 것이다.

그러자 이웃 사람이 답하였다.

연못가에 수양버들 대여섯 그루가 2, 3월이 되자 긴 가지가 휘늘어져 초록 장막을 두른 것 같고, 4, 5월에는 붉고 흰 연꽃들이 흐드러지게 피고, 6, 7월에는 수백 개의 수박이 푸른 구슬이나 조롱박처럼 주렁주렁 매달리는데, 찌는 듯한 여름날에 따다가 쪼개면 빛깔은 주홍 같고 물은 찬 샘물 같으며 맛은 꿀 같도다. 이렇게 하면 어떻겠습니까?

이웃 사람의 말이 채 끝나기도 전에, 홍윤성은 손을 저어 말렸다.

말하지 말게, 말하지 말어. 입에서 침이 질질 나와 못 견디겠네.*

* 〈한국고전번역원〉 http://db.itkc.or.kr/dir/item?itemId=BT#/dir/node?dataId=ITKC_BT_1340A_0010_000_0010

그러고는 급하게 하인을 불러 집문서를 가져다주었다고 한다. '살인마 정승'이라고 불릴 정도로 행실이 난폭하기로 유명했던 홍윤성도 수박의 달콤한 맛에는 견디지 못하고 무너졌던 모양이다.

또, 세조 임금은 영월로 귀양을 간 조카 단종에게 매달마다 수박을 선물로 보내 주기도 했다. 조카의 왕위를 빼앗은 죄책감에 조그만 보상이라도 하고 싶었던 것일까? 그래 봤자 악어의 눈물로밖에는 안 보이지만 말이다.

영조도 어린이들을 가르치는 기관인 〈동몽〉에 들러서 《소학》을 읽은 아이들에게 상으로 수박과 수정과를 내렸다는 기록이 전한다.

연산군을 몰아내고 왕위에 오른 중종도 수박 선물을 받은 적이 있다. 《중종실록》을 보면, 중종이 행차를 나섰는데, 어느 여인이 수박을 바치더란 대목이 나온다. 이에 감격한 중종은 상으로 좋은 모시 두 필을 내렸다. 그 소문을 들은 백성들이 중종에게 계속 수박을 가져다 바쳤단다. 결국 중종은 명을 내려 더 이상 자신에게 백성들이 사사로이 수박을 바치지 말라는 명을 내리기에 이른다. 자신에게 수박을 바치느라 백성들이 먹지 못할까 봐 걱정한 까닭도 있고, 수박을 바치는 백성 모두에게 상을 내렸다가는 임금의 창고가 비지 않을까 걱정되어서이기도 했을 것이다. 그만큼 중종이 수박을 즐겼다는 뜻이기도 할 것 같다.

《중종실록》에는 또 이런 일화도 있다. 임금의 병을 치료하는 주치의에 해당되는 내의원 제조는 중종이 고열에 시달리자, "수박도 열을 치료하는 데 좋습니다만, 갈증이 나실 때 조금씩 드셔야지 과다하게 드시면 안 됩니다. 과다하게 드시면 해롭습니다."라고 말했다. 열이 나자 수박을 계속 먹다가 의원에게 핀잔을 듣는 장면이다. 중종이 얼마나 수박을 즐겨 먹었는지 알 만하다.

뭐든 과하면 덜한만 못한 법이다. 아무리 수박이 몸에 좋아도 많이 먹으면 탈이 나는 법. 선조 임금 시절에도 수박의 효능을 두고 조정에서 논의가 벌어졌다. 1574년 1월 15일, 유희춘이란 사람은 수박을 가리켜 "사람의 몸에 해롭지는 않지만, 많이 먹거나 서리가 내린 뒤에 먹으면 안 된다"고 말했다. 아마 수박에 포함된 많은 수분이 인체에 지나치게 들어가면 설사를 할 수도 있고, 또 서리가 내린 뒤에 난 수박은 성질이 차가워서 역시 설사를 유발시킬 수 있다는 이유에서 먹지 말라고 한 듯하다. 이에 선조 임금은 유희춘의 말에 동의했다.

현종 임금 무렵에는 조선 전체에 '경신대기근'이라 불리는 큰 흉년이 들어, 수많은 백성들이 굶주림으로 고생했다. 이에

현종은 백성들을 위해 여러 가지 조치를 했는데, 그중 하나가 시중에 유통되는 수박의 값을 절반으로 내리는 것이었다. 배고픔으로 고통 받는 백성들에게 그나마 수박이라도 싼 값에 먹이게 하려는 배려였던 셈이다.

맛있는 과일로, 마음을 담은 선물로, 수박은 오래 전부터 우리와 함께해 온 고마운 과일이었다.

19세기 흑인들의
소울 푸드, 수박

수박의 고향 아프리카 사람들은 당연히 우리만큼 수박을 사랑했다. 아프리카는 노예 흑인들의 고향이기도 하다. 흑인들은 17세기부터 19세기까지 노예선에 실려, 미국으로 잡혀 왔다. 그러고는 백인들의 농장에서 채찍을 맞아 가며 힘들게 노예로 살았다. 그 흑인들을 따라서 수박도 아프리카에서 미국으로 건너왔다.

수박은 무덥고 햇볕이 강하게 내리쬐는 미국 남부에서 순식간에 널리 재배되었다. 미국 남부의 기후가 수박 재배에 알맞았기 때문이다. 드넓은 농장에서 재배된 수박은 미국인들의

수박을 받고 기뻐서 춤을 추며 잔치를 벌이는 흑인들을 묘사한 그림.

식탁에 올라갔는데, 수박의 달콤하고 시원한 맛을 금방 모든 미국인들이 좋아하게 되었다. 소설《톰 소여의 모험》과《허클베리 핀》을 쓴 작가 마크 트웨인도 수박을 가리켜 "최고의 사치품이자 천사의 음식"이라고 찬사를 보냈을 정도다.

수박을 가장 열광적으로 즐긴 쪽은 노예로 힘들게 일하던 흑인들이었다. 대량으로 재배되어 값이 싸고, 열매가 크게 열려 배불리 먹을 수 있었던 수박은 흑인들에게 환영받는 음식이 되었고, 19세기 무렵에 이르자 미국 흑인들의 소울 푸드가 되기에 이르렀다.

맛있는 과일 문화사

백인 농장주들은 흑인 노예들에게 휴식 시간을 줄 때, 수박을 주곤 했다. 무더위와 갈증을 푸는 데 수박만큼 좋은 과일은 없었다. 흑인 노예들이 수박을 맛있게 먹는 모습을 본 백인들은 "흑인들은 선천적으로 수박을 좋아하는 족속"이라며 비아냥대기도 했다.

그러다 보니 수박은 미국에서 흑인들을 상징하는 과일로 자리 잡기에 이르렀다. 실제로 미국에서는 흑인들이 아닌 백인이나 동양인 및 히스패닉들도 수박을 즐겨 먹지만, '수박' 하면 '흑인'을 떠올리게 될 만큼 고정관념이 되고 말았다.

《구약성서》에도 수박이 나온다. 〈출애굽기〉에 보면, 이집트에서 탈출한 히브리 노예들, 즉 이스라엘 백성들이 사막을 떠돌며 고생을 할 때, "이집트에서는 수박을 공짜로 실컷 먹을 수 있었는데, 여기서는 수박을 먹지 못하니 괴롭구나!"라며 한탄하는 내용이 나온다. 〈출애굽기〉에 의하면, 이스라엘 백성들은 이집트에서 온갖 건물을 짓는 공사장에서 힘들게 일했던 것으로 나온다. 그런데도 이집트에서 먹었던 수박 이야기를 하는 걸 보니, 힘들었던 그이들의 삶에 수박이 어지간히 위로였던 모양이다.

이집트의 노예였던 이스라엘 백성들도, 백인들의 노예였던 아프리카 흑인들도 수박을 통해 잠시나마 지옥 같은 현실을 잊을 수 있었으니, 수박은 명실상부 고통받는 이들의 소울 푸드임이 분명하다.

수박이 달콤하지만은 않은 까닭

이렇게 흑인과 수박을 연결시키는 시각에는 다분히 인종차별적인 사고관이 포함되어 있다. 수박은 아프리카가 원산지니까 "아프리카에서 온 흑인들은 아프리카 과일인 수박이나 먹는 게 맞다."는 식의 조롱이 섞여 있었던 것이다. 한국에서도 일부 사람들이 "전라도가 홍어 요리로 유명하니까, 전라도 사람은 홍어나 먹어라."는 식으로 지역을 비하하는 조롱과 다를 바 없다.

아울러 노예 해방이 되기 전인 19세기 중엽 이전까지, 흑인들을 노예로 부리던 백인 농장주와 그 가족들은 수박을 먹을 때, 붉은색의 과육만 먹고 검은 씨는 뱉어서 그릇에 버렸고 그러면 흑인 노예들은 그걸 가져다 먹었다고 한다. 그리고 백인들은 그런 흑인들에게 "너희들은 백인보다 더 비천한 족속들이니, 백인들이 먹다 버린 수박씨만 먹어도 충분하다!"는 식의

수박을 먹는 흑인 소녀, 영어로 "나는 너무 행복해요!"라는 글귀가 새겨져 있다. 흑인들은 모두 수박을 좋아한다는 고정관념을 반영한 그림이다.

흑인 노동자가 이미 수박을 먹어치우고도 다시 새로운 수박을 게걸스럽게도 먹고 있는 모습을 그린 그림. 흑인들이 수박을 미치도록 좋아한다는 식의 차별적 성향을 은연중에 풍기고 있다.

내용을 담은 노래를 부르게 하여, 흑인들이 철저하게 자기비하를 하게 세뇌시켰던 것이다. 당시 흑인 노예들이 부르던 노래 중에 이런 것이 있었다.

백인들은 자기들이 먹다 뱉은
수박씨만 흑인들에게 먹게 하지
그것만으로도 흑인들에게는 충분하다면서

수박씨는 이렇게 흑인들을 비하하는 말로도 쓰였다. 임신한 흑인 여성을 가리켜 '수박씨를 밴 수박'이라고 조롱하는 말도 거기서 파생되었다.

수박 | 영혼을 위로하는 소울 푸드

1865년 남북전쟁이 끝나고 흑인들은 공식적으로 노예 신분에서 해방되었다. 그러나 노예 신분을 벗었다고 해서 하루아침에 백인과 동등한 신분이 된 것은 아니었다. 오랫동안 흑인들을 노예로 부려먹었던 백인들은 여전히 흑인을 백인보다 못한 미개한 족속으로 여기고 멸시했으며, 미국 사회는 여전히 흑인들을 백인보다 나쁘게 대우했다. 단적인 예로 1960년대까지 미국 흑인들은 수도꼭지와 술집과 식당과 학교와 교회 등 거의 모든 공공 시설물을 백인들과 함께 사용하지 못하고, 따로 사용해야 했다. 20세기 중엽까지 엄연히 흑백 분리 정책을 고수했던 것이 바로 미국이다.

《게이 레즈비언부터 조지 부시까지》란 책을 보면 1990년대에도 이런 경향이 여전히 남아 있음을 알 수 있다. 외교관 박영배는 미국에 머무는 동안 어느 회사에서 임신한 여성 직원을 축하하는 모습을 보게 됐다. 임신을 축하하는 케이크 위에 "축하해! 검은 수박씨를 임신한 수박아!"라는 문구가 새겨져 있더란다. 임신한 여성 직원은 흑인이었다. 인종차별적 성향이 강한 회사였다고는 하나, 1990년대까지 그런 인종차별 발언을 대놓고 했다는 건 충격이다.

물론 모든 흑인들이 수박과 관련된 자신들의 인종차별적 이미지를 순순히 받아들인 것은 아니었다. 1960년대에 들어서

면서 마틴 루서 킹 목사와 맬컴 X 등 흑인 인권 운동을 벌인 인사들의 활약 덕분에, 그동안 백인들의 횡포에 억눌려 있던 흑인들도 서서히 고개를 들고 일어서서 백인들에게 맞서기 시작했다. 그중에는 "더 이상 수박과 흑인을 연결시켜서, 흑인들을 비하하지 말라!"는 내용도 있었다.

특히 "나에게는 꿈이 있습니다"라는 연설로 유명한, 흑인 인권 운동의 선구자 마틴 루서 킹 목사는 "흑인들은 수박을 아주 게걸스럽게 먹는다!"는 인종차별적인 이미지가 자신에게 씌워질까 봐, 일부러 수박을 먹지 않기도 했다. 자신이 참석하기로 되어 있던 어느 소풍에서 수박을 준다는 사실을 알게 되었을 때의 느낌을 이렇게 회상하기도 했다.

나는 수박 먹는 광경을 보고 싶지 않았다. 왜냐하면 많은 사람들의 의식 속에 검둥이와 수박 사이의 연관 관계가 자리 잡고 있었기 때문이다. 어리석지만 이런 생각은 백인의 편견이 한 사람의 흑인에게 어떤 영향을 미칠 수 있는지 잘 보여 준다.

하지만 오랫동안 계속 이어져 온, 수박과 흑인을 연결하는 비하 의식은 금방 사라지지 않았다. 21세기가 되고 나서,

2008년 미국 최초의 흑인 대통령으로 취임한 버락 오바마조차 수박과 관련한 조롱을 피할 수 없었다. 단지 흑인 혈통이라는 이유만으로 말이다. 사실 오바마는 아버지가 케냐 사람이고 어머니가 미국 백인이어서 완전한 흑인도 아니고 흑인과 백인 혼혈이다. 그런데도 외모가 흑인에 가깝다 해서 흑인 취급을 받는다.

인터넷에는 오바마를 수박과 프라이드치킨에 빗대어 만든 풍자 사진들도 나돌고 있는데, 오바마가 흑인이라는 점을 들어서, "이 수박이나 먹는 검둥이야!"라는 폄하 메시지를 교묘하게 담고 있는 이미지다. 프라이드치킨 역시 수박 못지않게 흑인들이 좋아하는 음식이라서, 수박처럼 흑인들과 연결 지어 교묘하게 비하하는 식으로 쓰인다.

수박은 수박일 뿐이다. 아무리 이상한 이미지를 씌우고 폄하하려고 애써 봐도 수박은 그저 수박이다. 한여름, 타는 듯한 갈증을 한순간에 날려 주는 고마운 과일일 뿐이다. 그 맛을 있는 그대로 즐기지 못하게 하는 편협한 일부 백인들의 저열한 시선이 안타까울 따름이다.

2장

사과

신들의
축복을 받은
과일

서늘한 가을이 오면 시장에는 어김없이 먹음직스러운 사과가 보이기 시작한다. 사과는 가장 흔하면서 널리 퍼진 과일이라서, 요즘 사람들은 별로 귀한 줄 모르는 게 사실이다. 하지만 사과는 결코 하찮은 과일이 아니었다. 인류의 역사와 문화에서 사과는 꽤 중요한 위치를 차지하기도 했다. 사과의 황금시대 이야기로 들어가 보자.

그리스 신화 속 황금 사과

사과는 유럽 동남부의 발칸 반도가 원산지다. 그래서 옛날부터 유럽에서는 사과와 관련된 많은 일화들이 전해져 오고 있다. 그리스 신화에서도 사과에 얽힌 이야기를 만날 수 있다.

그중에서 황금 사과 이야기가 인상적이다.

아르카디아의 공주였던 아탈란테는 발이 아주 빨랐다. 공
주는 청혼하는 젊은이들에게 이렇게 말하곤 했다.
"나보다 더 빨리 달리는 남자하고만 결혼을 하겠다. 단, 나와
달리기 시합을 해서 진다면 목숨을 내놓아야 할 것이다."
수많은 젊은이들이 아름다운 아탈란테와 결혼하고 싶어서
달리기 시합을 하러 몰려들었다. 그러나 단 한 사람도 공주
를 이기지 못했다. 결국 모두 죽고 말았다.
그러는 중에 히포마네스라는 젊은이가 시합에 도전해 왔다.

아탈란테의 황금 사과   ©wikipedia

히포마네스는 바다의 신 포세이돈의 증손자였다. 아탈란테와 결혼하고 싶었던 히포마네스는 사랑의 신 아프로디테를 찾아갔다.

"제가 아탈란테와 달리기 경주를 해서 이긴다면 여신님께 제물을 바치겠습니다. 부디 도와주십시오."

아프로디테는 흔쾌히 부탁을 들어주겠노라고 했다. 아프로디테는 순결의 여신 아르테미스만 섬기는 아탈란테가 얄미웠던 참에 히포마네스가 그런 부탁을 해 오니 옳다구나 싶었던 것이다.

아프로디테는 히포마네스에게 황금 사과 세 개를 건네주었다. 그러면서 아탈란테와 달리기 시합을 할 때 사과를 하나씩 던지면 이길 수 있을 거라고 알려 주었다.

드디어 시합날이 되었다. 아탈란테는 히포마네스를 여유 있게 따돌리고 이기는 중이었는데, 히포마네스가 황금 사과를 던지자 그걸 줍느라 아탈란테가 달리기를 멈추는 것이었다. 히포마네스는 불리할 때마다 사과를 던졌고, 마침내 아탈란테를 앞질러 시합에서 승리했다. 아탈란테는 약속대로 히포마네스의 아내가 되었다.

정정당당하게 공주를 얻을 수 없었던 히포마네스의 꼼수

맛있는 과일 문화사

짓은 좀 얄밉지만, 시합 도중에 사과를 줍느라 달리기를 멈춘 아탈란테 공주는 좀 귀엽다. 황금 사과가 아니었더라도, 히포마네스가 마음에 들어 달리기를 좀 천천히 할 마음은 아니었을까? 토끼와 거북이의 달리기 시합 이야기를 연상시키는 신화의 한 대목이다.

사과의 섬과
젊음의 사과

고대 유럽 신화인 켈트 신화와 북유럽 신화에서도 사과는 중요한 과일로 등장한다. 아직 로마제국에 정복당하기 전의 영국과 아일랜드, 프랑스와 스위스, 스페인 등지에 살았던 원주민인 켈트족이 믿는 신화 가운데 이런 것이 있다. 먼 서쪽 바다에 아발론Avalon이라는 섬이 있는데, 사과나무가 우거진 그 섬에서는 누구도 죽지 않고 영원한 젊음을 누리며 행복하게 산다는 것이었다.

아서왕 전설에도 아발론이 등장한다. 아서왕은 반역자인 모드레드와 싸우다가 크게 다쳐 거의 죽어 가는 상태에서 배를 타고 아발론으로 떠나는데, 그 장면에서 아서왕 신화는 끝을

아서왕의 마지막 잠 ©wikipedia

맺는다. 훗날 영국의 민담에서는 아서왕이 아발론으로 가서 상처를 치료하고, 다시 활기에 넘치는 생명력을 지니고서 돌아와 영국을 다스린다는 내용이 추가되었다.

아발론은 인간이 죽은 뒤에 가는 저승이다. 켈트족은 그곳을 안락하고 편안한 곳, 끔찍한 고통이나 공포가 없는 곳이라 믿었다. 새로운 생명이 태어나고 순환되는 약속의 장소라 생각한 것이다. 이런 세계관은 불교와 기독교가 들어오기 전, 우리 조상들이 갖고 있던 내세관과 일맥상통한다. 한국의 전통 설화에서도 저승은 곧잘 이승에서 이루지 못한 안락한 삶을 이루는 약속의 땅, 행복한 장소로 묘사되곤 하는데, 그런 면에서 켈트족 설화와 상당히 닮아 있다.

켈트족은 순환적인 세계관을 갖고 있었다. 사람이 죽으면 아발론 같은 저승으로 영혼이 갔다가, 시간이 되면 다시 새로운 몸을 얻어 이승으로 돌아와 사람으로 살다가, 죽으면 또 저승으로 간다는 식이다. 그래서 이승과 저승을 오가는 삶을 산다고 믿었다. 아발론에 가득한 사과를 따 먹으며 늙지도 죽지도 않는 영원불멸의 삶을 사는 것이다. 그만큼 사과가 사람에게 좋다고 인식했다는 뜻으로 보이는 대목이다. 실제로 서양에는 "날마다 사과를 하나씩 먹으면 의사가 필요 없다"는 속담이 있을 정도로 사과를 건강식품으로 여기고 있다.

켈트족의 이웃인 게르만족들도 사과를 좋게 보았다. 북유럽의 게르만족들이 믿던 신화와 전설을 기록한 문헌《에다》에 의하면, 청춘의 여신인 이둔은 언제나 사과가 가득 담긴 바구니를 가지고 있는데, 이 사과를 먹음으로써 신들은 늙지 않고 영원한 젊음을 누리며 행복하게 살 수 있다는 것이었다. 고대 게르만족들은 사과가 젊음을 주는 훌륭한 과일이라고 여겼던 것이다. 사과에는 사람의 몸에 좋은 영향을 끼치는 비타민 C가 풍부하니까 아주 틀린 말은 아닐 것이다.

중세가 시작되면서 그리스인과 로마인, 켈트족과 게르만족 들은 그들이 원래 믿었던 전통 신앙을 버리고 기독교로 개종 했다. 그렇다고 전통 신앙의 흔적이 완전히 사라진 것은 아니 었으니, 그 흔적은 사과를 대하는 태도에도 남아 있다. 《구약 성서》에는 아담과 이브가 선악과를 먹고 에덴동산에서 쫓겨 났다는 이야기가 나온다. 중세 유럽인들은 그 선악과가 바로 사과라고 믿었다.

그러나 사람들의 믿음과는 달리, 《구약성서》 어디에도 선악 과가 사과라는 말은 없다. 이는 사과를 먹는 문화에 익숙했던 유럽의 기독교 교회에서 대중들을 상대로 성경을 쉽게 가르치 려다 보니까, 잘못 파생된 낭설이라는 분석이 있다. 실제로 성 경을 연구하는 학자들에 의하면, 《구약성서》가 기록된 이스라 엘에서는 유럽에서 흔한 사과를 거의 보기 힘들고, 묘사된 형 태로 볼 때 선악과에 가까운 것은 사과보다는 무화과라고 한 다. 하긴 그렇다. 사과는 서아시아에서 그렇게 흔한 과일은 아 니니까 말이다.

그럼에도 '선악과=사과'라는 인식은 유럽의 세력 팽창과 관 련이 있다고 보아야 할 것이다. 유럽이 기독교를 세계에 퍼트

에덴동산의 선악과   ©wikipedia

리는 과정에서 그런 공식이 생겨난 것으로 짐작된다. 그리하
여 전 세계의 기독교도들과 많은 사람들은 성경에 나오는 선
악과가 사과라고 인식하게 되었다. 우리나라라고 예외는 아니
다. 텔레비전 만화영화 대사 가운데 "아담과 이브는 사과 때문
에 망했다. 그러니 사과를 조심해야 한다"는 게 있을 정도였
으니 말이다.

* 1992년, 만화영화 〈까치의 날개〉 중에서.

빌헬름 텔의 사과

사과는 또 정치적인 자유를 상징하는 도구로 인식되기도 했다. 스위스의 빌헬름 텔Wilhelm Tell 이야기가 좋은 예다. 중세 유럽의 스위스는 오스트리아의 지배를 받았다. 하지만 자유를 숭상하며 독립적인 기풍이 강한 스위스인들은 자신들을 옭죄는데다가 오만하고 탐욕스러워 보이는 오스트리아인들을 좋아하지 않았다. 그래서 기회가 되면 오스트리아인들을 몰아내고 독립을 쟁취할 기회를 엿보고 있었다. 그런 스위스인들의 염원이 만들어 낸 전설 속 인물이 바로 빌헬름 텔이었다.

스위스를 지배하고 있던 오스트리아인 영주 헤르만 게슬러는 거만하고 허영심이 많은 인물이어서, 모든 스위스인들이 자신에게 무릎을 꿇고 절을 하는 모습을 보고 싶어 했다. 그래서 스위스인들이 자주 다니는 광장에 높은 장대를 세워 놓고, 그 끝에 자신의 모자를 올려놓고는 스위스인들이 그 모자를 향해 고개를 숙이라는 포고문을 발표했다. 오스트리아의 위세를 두려워했던 스위스인들은 광장을 지날 때마다 장대 위에 올려진 헤르만의 모자에 고개를 숙였다. 그런데 용맹한 사냥꾼인 빌헬름 텔만은 모자에 고개를 숙이지 않았다. 평소부터 스위스인들을 업신여기고 잘난 척하는 오스트리아인들을 싫어했기 때문이다. 거기에다 빌헬름 텔은 사람은 오직 하나님에게만 고개를 숙여야 한다고 믿는 사람이었다. 오스트리아인에게 노예처럼 굴복해서는 안 된다고 생각한 자유의 신봉자였던 것이다. 헤르만은 자신의 권위를 무시하는 빌헬름이 괘씸했다. 당장 군사들을 풀어 얼른 잡아 오라고 했다. 헤르만 앞으로 불려간 빌헬름은 말했다.

"저는 활로 동물을 잡아 먹고사는 사냥꾼입니다. 저는 하나님에게는 머리를 숙일 수 있지만 사람에게는, 하물며 모자에게는 더욱 머리를 숙일 수 없습니다. 그 명령은 지키기 싫습니다."

헤르만은 더 화가 났다. 빌헬름 텔의 어린 아들이 상황도 모르고 제 아비 자랑을 했다.

"정말이에요. 우리 아빠는 진짜 활을 잘 쏘는 사냥꾼이에요. 백 걸음 떨어진 곳에 있는 사과도 쏘아 맞히는 명사수랍니다!"

헤르만은 옳다구나 싶었다.

"그렇다면 네 아들 머리 위에 사과를 올려놓고 그걸 90걸음 떨어져 맞혀 보아라. 성공한다면 너를 풀어 주지. 그러나 실패한다면 영주의 명을 거역한 대가를 치러야 할 것이다."

헤르만의 위협에 빌헬름은 일단 시키는 대로 화살 한 대를 시위에 매겼다. 그리고 그와 동시에 다른 화살 한 대를 허리춤에 묶었다. 아들 머리 위에 사과를 올려놓은 빌헬름 텔은 뒤로 물러나 활을 쏘았다. 화살은 정확하게 사과의 한가운데를 꿰뚫었다.

"와!"

구경하던 사람들은 환호성을 올렸다. 그러나 헤르만은 약속을 지킬 마음이 없었다. 빌헬름에게 물었다.

"허리춤에 묶은 화살 하나는 무엇에 쓰려는 것이었느냐?"

"만약 제가 사과가 아니라 아이를 맞히게 된다면 이 화살로 당신을 쏠 생각이었소!"

헤르만은 분노했다.

"나를 쏘려고 했다는 건, 생각만으로 반역이다! 당장 이놈을 옥에 가둬라!"

헤르만은 풀어 주마던 약속도 무시한 채 오스트리아에 있는 감옥으로 빌헬름 텔을 끌고 갔다.

오스트리아로 가는 도중 마차가 뒤집히는 사고가 났고, 빌헬름은 탈출하게 됐다. 헤르만을 화살로 쏘아 죽인 뒤 고향 스위스로 돌아와 아들을 다시 만났다.

맛있는 과일 문화사

오스트리아의 지배에서 벗어나고픈 욕망이 빌헬름 텔이라는 인물로 형상화된 전설이다. 아들의 머리 위에 놓인 사과를 정확하게 맞히는 행위에 들어 있는 것은 압제를 뚫고 독립을 이루고야 말겠다는 강력한 염원으로 얽힌다.

그런데 왜 하필이면 사과였을까? 단지 흔한 과일이어서일 수도 있지만, 빌헬름 텔 아들의 머리 위 사과가 나는 자꾸만 '자유'라는 두 글자로 읽힌다.

창조와 혁신으로 이끄는 과일

사과 때문에 가장 유명해진 역사적 인물은 단연 영국의 과학자인 아이작 뉴턴(Isaac Newton, 1643년~1727년)일 것이다. 뉴턴은 "모든 물체에 지구로부터 끌어당기는 힘인 중력이 작용한다."는 '만유인력의 법칙'을

뉴턴의 사과나무　　　©wikipedia

사과 | 신들의 축복을 받은 과일

발견했다. 이 만유인력의 법칙을 발견하는 데 사과가 큰 기여를 했다는 일화는 모두가 알 것이다.

어느 날, 뉴턴이 산책을 하다가 사과나무에서 사과가 계속 땅에 떨어지는 것을 보게 됐다. 뉴턴은 그냥 지나치지 않고 '왜 땅으로 떨어질까?'라는 질문을 던졌다. 그리고 이 질문은 세기의 발견으로 이어진다.

'바람이 불지도 않았고, 새나 짐승들이 사과를 떨어뜨리지도 않았는데 땅에 계속 떨어지다니! 그 이유가 뭘까? 그것은 바로 지구의 어떤 힘이 사과 열매를 계속 끌어당기는 바람에 그런 것은 아닐까?'

뉴턴으로 하여금 만유인력의 법칙을 발견하게 만든 사과나무는 지금도 뉴턴의 집에 남아 있다. 우리나라의 〈한국표준과학연구원〉에도 뉴턴의 나무 자손을 기증받아 두 그루를 심어 놓았다.

21세기 지구촌 젊은이들의 우상이었던 미국의 기업가 스티븐 잡스(Steven Jobs, 1955년~2011년) 역시, 사과와 깊은 관련이 있는 인물이다. 잡스가 만든 기업의 이름이 바로 사과를 뜻하는 '애플'이다. 스티븐 잡스가 〈애플〉을 막 창업했을 당시, 어느 기자가 물었다.

©연합뉴스

"왜 회사 이름을 '사과'라고 지었습니까?"

사과는 신의 창조를 바로 가까이서 볼 수 있는 가장 훌륭한 사물입니다. 나는 신의 창조를 본받아서 새로운 창조에 도전한다는 뜻에서 회사 이름을 '애플'이라고 지었습니다.

스티븐 잡스는 실제로 젊은 시절, 오랫동안 히피 생활을 했으며 도道나 명상 같은 동양 철학에 심취하여 인도로 떠나 살았던 경험도 있었다. 그래서 '창조'나 '혁신'이라는 개념에 유독 집착을 했으며, 그런 정신적 세계관의 상징으로 사과라는 과일을 골랐던 것으로 보인다.

〈애플〉을 만든 잡스는 주주들에게 쫓겨났다가, 다시 복귀하여 〈애플〉의 최고 경영자가 되는 등 파란만장한 인생을 겪었다. 그러다 2010년 4월 20일, 태블릿 컴퓨터인 아이패드를 출시하여 전 세계를 놀라게 했다. 아이패드 덕분에 한동안 컴퓨터 업계에서 밀려나 있었던 〈애플〉은 다시 컴퓨터 업계의 선두 주자로 올라섰고, '애플'이라는 이름은 눈부신 발전과 혁신의 상징으로 자리 잡았다.

오늘 전 세계 사람들이 한 알씩 베어 무는 사과에 담긴 뜻이 참으로 다양하다. 수많은 역사의 흔적이 새겨진 과일, 사과. 내 손 안의 아이폰, 아이패드 덕분에 한층 친숙해진 과일이기도 하다.

3장

귤

귀신도
탐을 낸 맛

달콤하면서 새콤해서 누구나 좋아하는 과일 귤. 귤의 원산지는 중국 양자강 남쪽이다. 귤이 널리 보급되기 전, 귤에 얽힌 재미있는 일화들이 꽤 많다. 이번 장에서는 귤에 얽힌 이야기들을 살펴보겠다.

신선이 가지고 논 과일

　《삼국지연의》는 중국과 한국 등 동아시아 사람들에게 널리 읽혀 온 고전 소설이다. 무수한 작가들이 이 작품을 패러디했고, 이 책의 내용에 바탕을 둔 소재나 이야기 장치들이 곳곳에서 눈에 띈다. 심지어는 아예 《삼국지연의》의 여러 판본들만 모아 놓고 판다는 전용 서점까지 있을 정도다. 뿐만 아니라 《삼

삼국지연의 ⓒwikipedia

국지연의》는 게임과 드라마와 영화 등 다른 미디어 매체로도 끝없이 발표되고 있다. 동아시아로만 한정해서 이야기한다면 《성경》만큼이나 널리 보급된 책이라 할 수 있을 것이다.

바로 이 《삼국지연의》에 뜻밖에도 귤과 관련된 이야기가 들어 있다. 그 주인공은 유비와 적대 관계에 놓여 있는 조조(曹操, 155년~220년)다.

조조의 위나라가 가장 많은 영토를 지배하며 세력을 떨치고 있을 무렵, 양자강 남쪽의 군벌인 손권이 조조에게 귀한 선물을 보냈다. 바로 귤이 가득 든 광주리 40개였다. 손권이 있는 양자강 남쪽의 강동 지방 귤은 맛이 달콤하기로 특히 유명했다.

귤 광주리를 지고 위나라로 향하는 짐꾼들 가운데 좌자左慈라는 이가 있

조조
©wikipedia

었다. 좌자는 다른 일꾼들이 무거운 짐을 지느라 지쳐 있는데 반해, 며칠 동안 광주리를 지고 걸어도 전혀 지친 기색이 없었다. 짐꾼들 모두 좌자가 신선이 틀림없다고 수군댈 지경이었다.

드디어 위나라에 도착한 일행은 조조 앞에 귤 광주리를 내려놓기에 이르렀다. 강동 귤의 소문을 익히 들어 알고 있던 조조도 기대가 컸다. 입맛을 다시며 귤 껍질을 까서 먹으려는데, 이게 웬일인가! 새콤한 속살이 들어 있어야 할 귤 속이 텅 비어 있는 것이 아닌가!

'대체 이게 어떻게 된 일이지? 혹시 손권이 나를 골탕 먹이기 위해 일부러 이런 불량한 귤을 보낸 건 아닌가?'

맛있는 과일 문화사

비록 부정적인 의미이기는 하지만 '난세의 간웅'이라는 별칭
이 붙을 만큼 지략이 뛰어난 조조라 해도 까닭을 알 수 없
는 선물이었다. 조조의 참모와 책사들도 귤의 속이 텅 비어
있는 일은 지금까지 보지 못해서 자기들끼리 웅성거리며 이
괴변에 대한 뚜렷한 의견을 내놓지 못했다.

바로 그때 좌자가 나서서 이렇게 말했다.

"뭐가 그리 이상합니까? 이 귤은 분명히 강동에서 나는 과
일이며, 아무런 이상이 없습니다."

말을 마친 좌자는 광주리에 있는 귤 중 하나를 꺼내 조조의
눈앞에서 껍질을 벗겼다. 그러자 곧바로 잘 익은 귤의 주황
색 속살이 탐스럽게 드러났다. 좌자는 귤을 갈라 입에 넣더
니 우물우물 맛을 음미했다.

"역시 강동의 귤은 그 맛이 참으로 훌륭합니다. 승상께서도
한번 드셔 보시지요."

좌자가 분명히 자신이 보는 앞에서 귤의 속살을 꺼내 먹어
보였기에, 조조는 의심을 풀고 귤 하나를 골라서 껍질을 벗
겨 보았다. 그런데 이게 어찌 된 일인가? 다시 깐 귤 속도 텅
비어 있는 것이 아닌가! 영문을 알 수 없는 일이었다. 이윽
고 좌자가 조조에게 다가가 말했다.

"허허허, 당황하신 모양입니다. 승상. 이렇게 귀한 선물이 도

착하는 때에 승상께 농을 한번 걸어 보고 싶었을 뿐입니다. 귤 속을 비우는 일 같은 건 제게 아무것도 아닌 일이니까요. 그러니 너무 화내지 마십시오."

짐꾼들이 수군거린 대로 좌자는 신선이었던 것이다. 귤 속이 비어 있던 까닭을 알게 된 조조는 얼른 잔칫상을 열어 좌자를 좋은 자리에 앉히고 융숭히 대접했다.

손권은 원래 조조의 적이었다. 적벽대전에서 엄청난 전투를 치르기도 한 사이였다. 그러나 적벽대전을 겪고도 조조의 강력한 세력은 그대로 남아 있었고, 조조보다 상대적으로 열세였던 손권은 계속 조조와 전쟁을 벌이는 것이 무리라고 판단하게 된다. 그래서 일단 휴전을 하기로 결정했고, 조조의 환심을 사려고 귤을 정성껏 골라 보낸 것이었다. 서로 죽고 죽이던 두 세력이 화해하는 중요한 자리에 쓰였다는 것은 귤이 그만큼 중국인들에게 큰 가치를 지녔던 과일이라는 뜻일 것이다.

《삼국지연의》의 시대로부터 약 1세기 후인 중국 남북조시대 간보(干寶, ?~351년)란 사람이 지은 책《수신기搜神記》에도 귤에 관한 재미있는 이야기가 한 편 실려 있다.

세 사람이 남강군에 있는 동망산 정상에 함께 올랐다. 산꼭

대기에는 푸른 물빛을 띤 깊은 호수와 과일 나무들로 가득했다. 과일 나무는 4리가 넘게 우거져 있었다. 질서정연하게 심어져 있는 모습이 누군가 일부러 정성을 들여서 가꾼 듯했다. 나무 중에는 귤나무도 있었는데, 귤을 보니 군침이 돌았다. 세 사람은 귤을 따서 실컷 먹었다. 어느 정도 귤을 먹고 배가 부르자, 세 사람은 이렇게 맛있는 귤을 먹기만 하고 가는 것은 어쩐지 아깝다고 여겨서, 귤 두 개를 옷 속에 집어넣었다. 사람들에게 산꼭대기 귤나무의 존재를 믿게 하려는 뜻도 있었고, 다른 친구들도 이곳에 데려와 이 맛있는 귤을 함께 먹고 싶다는 뜻도 있었다. 그러나 어찌된 일인지, 왔던 길을 아무리 찾으려 해도 보이질 않고 계속 헤매기만 하는 것이었다. 얼마나 걸었을까. 길을 잃고 당황한 세 사람 머리 위에서 큰소리가 들려왔다.

"옷 속에 넣은 귤 두 개를 얼른 내려놓아라. 그래야 이 산에서 내려갈 수 있다. 그렇지 않으면, 죽을 때까지 영원히 동망산에서 벗어나지 못하고 헤매다가 죽을 것이고, 귀신이 되어서도 이 산을 떠돌게 되리라."

세 사람은 벌벌 떨면서 옷 속의 귤을 꺼내 땅에 내려놓았다. 내려놓자마자 그렇게 찾아도 보이지 않았던 길이 훤히 보이는 것이었다. 그래서 세 사람은 길을 잃지 않고, 산에서 무사히 내려갈 수 있었다.

허공에서 들려온 목소리의 주인공은 누구였을까? 동망산 과일나무를 지키는 정령일 수도 있겠고, 귤 맛을 여럿과 나누기 싫은 귀신의 장난일 수도 있겠다. 아무튼 욕심 부리던 세 사람은 바깥세상에 귤을 전하지 못하고 말았다.

중국 설화집인《태평광기》에 나오는 왕모포도 이야기도 이와 비슷하다. 그 자리에서 왕모포도를 따 먹는 건 괜찮은데 포도를 가지고 나가려 하면 길을 잃고 만다는 설정이 일맥상통한다. 인간의 지나친 탐욕을 경계하는 교훈을 주려는 목적에서 만들어진 이야기인 듯하다.

당나라 때의 학자인 유숙劉肅이 지은《대당신어大唐新語》에는 귤을 황제에게 바치는 문제를 놓고 벌어진 흥미로운 이야기가 실려 있다.

중국 서남부 사천성의 익주益州 지역은 예로부터 감자柑子, 즉 귤이 생산되는 고장이었다. 그러나 익주의 귤은 강동의 귤보다 덜 알려져서 사람들이 익주에서도 귤이 나온다는 사실을 별로 알지 못했다. 익주가 중국의 중심부에서 다소 거리가 먼 변방이라 사람들이 오가기 어려웠기 때문일 것이다.

8세기 중엽, 당나라를 뒤흔든 안사의 난(755년~763년)이 일어났을 때 당나라 현종이 사천 지역으로 피난을 왔다. 사천에서 우연히 귤을 먹고 나서 그 맛에 반한 황제는 해마다 귤을 황실에 바치라고 명령했다. 그때부터 익주의 관리인 자사는 황실에 귤을 바치는 일을 떠맡게 되었다.

어느 해 익주에 자사가 새로 임명되었는데, 황실에 귤을 바치는 일에 유달리 정성을 기울였다. 귤나무가 우거진 숲에 사람들을 보내서 누가 훔쳐 가지 못하도록 철저히 경비를 서는 한편, 익은 귤을 모두 따서 관아로 가져온 뒤 가족과 하인들에게 일일이 귤을 살피게 했다. 그러고는 껍질이 벗겨지거나 상한 곳이 없는 보기 좋은 것들로만 따로 골라내었다. 귤을 하나씩 종이로 싸다가 자사는 문득 이런 생각을 하게 됐다.

'황제께 올리는 귤을 종이에 싸는 건 불안하다. 종이는 이렇게 얇은데, 옮기다가 작은 충격이라도 받으면 찢어져 버릴 수도 있지 않은가. 그런 일이 생기면 귤 껍질이 벗겨지거나 그 안에 든 속살도 망가져 버릴 수도 있다. 그렇게 상한 귤을 황제가 받아 본다면 불쾌할 테고, 그러면 자칫 그런 불량한 상태의 귤을 보낸 나한테 그 책임을 지워서 처벌을 내릴지도 모른다. 그래, 종이가 아니라 좀 더 튼튼한 것으로 잘

감싸서 보내야겠다.'

그렇게 생각한 자사는 사람들에게 종이가 아니라 부드러운 천으로 귤을 감싸라고 황급히 지시했다. 종이를 여러 장 겹으로 쌀 수도 있었지만, 그렇게 하면 너무 거추장스러운 데다가 자칫 많은 종이들의 무게 때문에 운반하는 사람들이 지칠지도 모른다고 해서 내린 배려였다.

천으로 하나하나씩 귤을 감싼 짐 꾸러미를 황실로 보내고 난 다음, 자사는 혹시 자신의 배려가 황제의 마음에 들어서 황제가 자기를 칭찬하고, 더 나아가 관직을 높여 주지는 않을까 하는 흐뭇한 기대를 품으며 잠자리에 들었다.

그런데 뜻밖에도 그날 밤, 자사는 악몽을 꾸었다. 자신이 보낸 귤을 받은 황제가 큰소리로 화를 내는 것이었다.

"대체 어떤 놈이 이 따위 먹지도 못할 상한 귤을 보냈느냐? 이건 분명히 짐에게 나쁜 귤을 먹여 죽이려는 음모가 틀림없다! 이 사건의 전말을 승상이 알아내서, 그 책임자를 반드시 처벌하도록 하라!"

놀란 자사가 황제의 손에 든 귤을 보니, 완전히 상해서 도저히 먹지 못할 상태였다. 자사는 도무지 영문을 알 수가 없었다. 분명히 자신이 하나하나 천으로 잘 감싸서 보냈는데, 어찌하여 귤이 저렇게 상해 버렸단 말인가? 혹시 자신이 황제의 눈에 드는 것을 시기하는 누군가가 일부러 멀쩡한 귤을 상한 귤로 바꿔치기라도 한 것일까? 아니면 운송 중에 비를 맞거나 해서 귤이 상한 것일까? 이도 저도 아니면 귤을 나르는 배달부들이 귤을 다 먹어 버리고는 그 책임을 모면하기 위해서, 상한 귤로 대충 채워 넣은 것일까? 좌우지간 영문을 알 수 없는 두려움이 자사를 급습했고, 자사는 겁에 질려 황제를 향해 엎드리며 용서를 빌었다.

"폐하, 고정하시옵소서. 신이 어찌 감히 폐하께 상한 귤을 보냈겠사옵니까? 이건 어디에선가 잘못된 일이옵니다. 신에겐 아무런 죄도 없으니, 부디 노여움을 푸시옵소서……."

꿈속에서 빌고 또 빌면서 자사는 "신에게는 죄가 없사옵니다."라는 잠꼬대만 계속했다. 날이 밝고 아침이 오자, 자사는 어렵게 자리에서 일어났다. 그러나 밤새도록 꾼 나쁜 꿈의 기억이 여전히 남아 있었다. 기분이 좋지 않았다. 비록 꿈이지만, 정말로 운송 도중에 귤이 상해 버렸고, 그 귤을 황제가 받아본다면 당연히 귤을 보낸 책임자인 자신에게 화가 미칠 것이 뻔했기 때문이었다. 자신이 보낸 상한 귤 때문에 황제의 건강을 해치게 했다는 혐의를 쓰고 관직에서 쫓겨나 귀양을 갈 수도 있고, 어쩌면 죽을지도 모르는 일이었다. 그런 생각을 하니, 자사는 그저 자신의 신세가 너무도 처량

귤 | 귀신도 탐을 낸 맛

해서 한숨만 나왔다. 그때, 관아의 하인들이 자사를 찾아서 황급히 달려왔다.

"자사 나리, 황제가 보낸 감자포 어사가 지금 역참에 왔답니다. 서둘러 가 보셔야 합니다."

'감자포 어사'라는 말에 자사의 눈이 크게 떠졌다. 감자포라면 '감자甘子를 싼 포布', 즉 천을 말하는 것이 아닌가? 허면 지금 역참에 도착했다는 어사는 자신이 황제에게 보낸 귤을 감싼 천에 관한 문제를 의논하기 위해서 온 것일까? 혹시 꿈에서 본 대로 귤이 정말로 상해서 그런 것일까? 자사는 불길한 염려를 품고서 어사를 만나러 갔다.

역참으로 가면서 자사는 머릿속으로 여러 가지 생각을 했다. 만에 하나, 어사가 귤의 포장 문제 때문에 온 것이라면 자신은 최대한 자세를 낮추고 동정심을 자아내서 유리한 판결을 얻어내야 한다. 자사는 어사가 머문 역참 방에 도착하자마자 어사를 향해 엎드리며 "소인의 잘못이 크니, 부디 너그럽게 자비심을 베푸시어 용서를 해 주시고, 처벌을 하시더라도 부디 이 불쌍한 목숨만은 살펴 주십시오" 하고 간청했다.

어사는 그런 자사를 어리둥절하게 쳐다봤다.

"대체 왜 이러시오? 내가 무슨 일로 당신을 해치러 왔단 말이오?"

자사에게 자초지종을 들은 어사는 딱하다는 듯이 혀를 끌끌 차며 말했다.

"뭔가 오해가 있었던 것 같은데, 감자포란 내 이름을 말하는 것이지, 당신이 황제께 보낸 감자를 싼 천을 말하는 것이 아니오. 나는 그 일과는 아무런 상관이 없소."

"그러면 소인이 보낸 귤들은 무사히 도착했습니까?"

"이보시오. 당신이 보낸 귤은 황제께서 머무시는 장안에 아직 도착도 안 했소. 귤 바구니를 열지도 않았는데 상했는지 어찌 알겠소? 천으로 귤을 감쌌다니, 배려하는 마음은 좋지만 종이로만 감싸도 되는 것을 굳이 그렇게까지 할 필요가 있었소? 여하튼 너무 걱정하지 마시오."

그제야 자사는 작게 한숨을 쉬면서 마음을 놓았다.

당나라 때 종이에 어떤 식으로 귤을 감쌌는지, 그 일을 누가 했는지, 또 어떤 방법으로 옮겼는지 같은 것을 알 수 있는 일화다. 귤을 보내면서 승진을 꿈꾸거나, 화를 입을까 두려워하는 마음까지 잘 드러나 있다. 그만큼 귤이 귀한 과일이었기 때문에 생긴 일들이 아닌가 싶다.

중국에서 이리 귀한 대접을 받았던 귤은 조선에서는 어떤 과일이었을까? 《조선왕조실록》을 보면, 귤에 관련된 내용들이 꽤 자주 눈에 띈다. 그중에서 제주도와 관련된 부분들이 많다. 그도 그럴 것이, 예나 지금이나 귤, 하면 제주도이기 때문이다.

《세종실록》에 보면 1427년 6월 10일, 제주도의 찰방인 김위민이 올린 상소가 등장한다. 제주도 사람들이 왕실에 올리는 귤 때문에 어려움을 겪고 있다는 호소가 담긴 상소였다.

제주의 초록 귤　　　　　　　　　　　　　　　　©김은주

지방 관원들이 민가에서 기르는 귤나무까지 다 세어서 장부에 기록을 하고, 귤이 겨우 맺을 만하면 몇 개나 열렸는지 또 세어 기록합니다. 기록과 수확이 맞지 않으면 그 집주인이 귤을 따면, 도둑질을 했다면서 전부 관아에서 가져갑니다. 그래서 제주도 백성들 사이에서는 귤나무를 심어봐야 이익이 없다면서 원망하고 한탄하는 목소리가 높습니다. 그러니 앞으로 만약 부득이 민가에서 심은 귤을 거둘 때에는 그 값을 넉넉하게 주어 사람들이 모두 심어 가꾸기를 권장하게 하고, 원망하는 일이 없도록 해 주십시오.•

이것만이 아니었다. 제주 진상품 귤에 대한 이야기는 그 뒤로도 계속 나온다. 세종대왕의 아들인 세조 임금은 1455년 12월 25일, 제주도를 다스리는 도안무사都安撫使에게 제주도에서 왕실에 귤을 바치는 일의 민폐를 줄이라고 명령을 내렸다.

감귤은 왕실의 제사에 쓰이고, 귀한 손님들을 대접하므로, 그 쓰임이 매우 절실하다. 의견을 올리는 사람이 말하기를, '근래에는 키우는 일을 잘 못하고, 또 바람과 추위의 해를

• 《세종실록》 36권, 세종 9년 6월 10일 정묘 3번째 1427년 명 선덕宣德 2년 〈제주도 찰방 김위민이 오랫동안 폐단된 일들을 계를 올려 아뢰다〉에서 인용. http://sillok.history.go.kr/id/kda_10906010_003

귤 | 귀신도 탐을 낸 맛

입어 예전에 심은 것은 거의 없어지고, 새로 심은 것은 무성하지 못하며, 또 성질이 바람과 추위를 타서, 사람이 사는 집의 양지바른 울타리 안의 사람이 밟고 다니는 곳에는 뿌리를 튼튼하게 박아서 일찍 열매를 맺고 번성하나, 관청에서는 비록 과수원을 가졌다 할지라도, 많이 심어서 뿌리가 빽빽하고 무성하여 벌레가 쉽게 생기므로, 공은 갑절 들여도 도리어 개인의 집에서 기른 것에 미치지 못하고 이로 인하여 백성들에 부과하여 조정에 바치는 공물을 채우는데 나무를 심는 집에 겨우 열매가 맺으면 억지로 간수看守하게 하고, 낱 수를 헤아려서 표지를 달고, 조금이라도 축이 나면 곧 징속徵贖하게 하고, 또 주호主戶로 하여금 관부官府까지 운반해 오게 하며, 만일 기한에 미치지 못하면, 형벌을 엄하게 하여 용서하지 아니하기 때문에, 백성들이 나무를 심기를 즐겨하지 아니하고, 심한 자는 혹 뽑아 버리기까지 하니, 이 뒤로는 잘 재배하여 기르는 자가 있으면, 부역을 면제하여 완휼完恤하고 또 따로 간수看守하는 사람을 두고, 관에서 스스로 운반하여, 주호主戶에게 번거롭게 하지 말 것이며…' 라고 하였다. 의논하는 자의 말이 이와 같으니, 세 고을 수령은 적당하게 포치布置하여, 위로는 국용國用을 족하게 하고 아래로는 민폐民弊가 없도록 힘쓰며, 또 미편한 사건事件이

맛있는 과일 문화사

있거든 다시 잘 생각하여 계달하라.*

세조의 손자인 성종 임금도 제주 백성들이 귤을 바치느라 힘들어 하는 일을 불쌍히 여겨, 1489년 2월 24일에는 이런 말을 남기기도 했다.

이 물건을 누가 우리 땅에 맞지 아니하다고 하는가? 내가 듣건대, 제주 백성이 감귤 나무를 가진 자가 있으면 제주도를 다스리는 수령이 열매가 맺고 아니 맺는 것은 물론이고 괴롭게 귤을 세금으로 걷어 가므로 이로 인해 백성들이 살 수 없어서 나무를 베고 뿌리를 없애는 자까지 있다고 하니, 이는 다름이 아니라 귤나무를 길러 봐야 손해만 되고 이익이 없기 때문이다. 만약 이런 나무를 심는 자가 있으면 그 집에 세금을 면제시켜 주고 혹은 후히 상 주면 백성들이 반드시 나무 심기를 기뻐할 것이다. 해사該司로 하여금 의논해 아뢰게 하라.*

• 《세조실록》 2권, 세조 1년 12월 25일, 〈경태景泰 6년 제주 도안무사에게 감귤 공납의 민폐를 줄일 것을 명하다〉에서 인용. http://sillok.history.go.kr/id/kga_ 10112025_001
• 《성종실록》 225권, 성종 20년 2월 24일, 〈홍치弘治 2년 제주에서 귤 재배를 하면 세금을 감해 주도록 하다〉에서 인용. http://sillok.history.go.kr/id/kia_12002024_002

귤 | 귀신도 탐을 낸 맛

이런 걸 보면 조선의 왕들은 제주도 백성들이 힘들여 키운 귤을 아무 생각 없이 받아먹기만 한 것은 결코 아니었으며, 나름대로 백성들의 고충을 덜어 주려고 했다는 것을 알 수 있다.

그런가 하면, 조선 시대에는 '황감제黃柑製'라는 재미있는 제도도 있었다. 해마다 제주도에서 왕실에 '황감', 즉 귤을 공물로 바치면 왕은 성균관 유생들에게 시험을 치르게 하고는 우수한 성적을 거둔 유생들한테 공물로 바쳐진 귤을 선물로 내려주었다. 유생들이 귤을 얻기 위해 치른 시험이 바로 '황감제'다. 요즘으로 치면 나라에서 지원하는 돈으로 숙식을 모두 해결하는 인재 양성 기관의 학생들이 귤이 상품으로 걸린 시험을 따로 치렀다는 말이다. 임금이 상으로 내걸 만큼 귤이 귀한 과일이었다는 뜻이겠다.

맛있는 과일 문화사

4장

감

평화와 바꾼
과일

여름이 가고 시원한 바람이 불어오기 시작하면 시장에 등
장하는 과일, 감. 시장의 가을은 감에서 온다. 과일마저 글로벌
해져서 그 인기가 예전만 못한 것도 사실이지만, 그래도 곶감,
홍시, 반건시 같은 다양한 형태로 여전히 사랑받는 과일이다.
이번에는 감 이야기를 해 보자.

얼려도 맛있고
말려도 맛있고

　감의 원산지는 중국이다. 한자로는 감을 시(柿, 柿)라고 쓴다.
감은 대략 고려 시대에 중국에서 들어온 것으로 추측되는데,
우리 조상들은 가을마다 감나무에 열린 감이 익으면, 껍질을

홍시   ©북앤포토

씻어서 칼로 벗겨 먹기도 하고, 껍질을 벗기고 말려 곶감으로
만들거나, 아니면 완전히 익어 붉게 변할 때까지 기다렸다가
홍시紅柿로 먹었다.

　고려 말의 정치인이자 시인인 이색은 그의 시집인《목은집》
에서 홍시에 대해 이렇게 노래했다.

　　진주晉州 이 판관李判官을 보내고 겸하여
　　동년同年 전 기실全記室에게 부치다

　　들자 하니 두류산은 매우 좋아서 푸르름이 막부의 이웃이

라 하나

우선 공사가 적도록 노력할 뿐 어찌 자주 나가 놀기를 좋아
하랴

괴이한 말은 진晉을 들은 듯할 게고 유민들은 아직 진秦을
피해 있으리

그대는 그들 종적을 찾아보겠나 온 천하가 정히 풍진의 속
이로세

전 기실은 나의 망년 친구로 높은 명성이 천하에 드문데

강루는 자리 가득 서늘할 게고 죽합엔 푸르름이 옷을 적시리

홍시엔 서리가 막 흠뻑 내리고 물고기는 가을에 정히 살찌
겠네

맑은 놀이가 응당 끝없을 테니 남녘 바라보며 가는 사람 보
내노라*

聞說頭流好 靑爲幕府隣 但令公事少 豈善出游頻

怪語如聞晉 遺氓尙避秦 君能蹤跡否 四海正風塵

記室忘年友 名聲天下稀 江樓涼滿座 竹閤翠沾衣

紅柿霜初重 白魚秋正肥 淸游應未艾 南望送人歸

• 〈한국고전번역원〉, 《목은집》 중에서, http://db.itkc.or.kr/

서리가 하얗게 내린 붉은 홍시를 매단 감나무가 서 있는 풍경이 선연하게 떠오른다.

　고려 왕조가 조선 왕조로 바뀐 뒤에도 감은 여전히 사람들의 사랑을 받았다. 조선의 여러 가지 야사들을 기록한 문헌인 《연려실기술》에는 조선 세조 시대의 명장인 남이(南怡, 1441년~1468년)와 홍시에 얽힌 재미있는 이야기가 실려 있다.

　남이 장군이 아직 결혼하기 전인 젊은 시절에 거리에서 놀다가 어린 종이 보자기에 작은 상자를 싸 가지고 가는 것을 보았다. 종이 들고 가는 보자기 위에 분 바른 여자 귀신이 앉아 있었으나, 어찌된 일인지 다른 사람들은 모두 보지 못하고 오직 남이의 눈에만 보였다. 남이는 마음속으로 괴이하게 여겨 종이 가는 대로 따라 갔더니, 어떤 재상의 집으로 들어갔다. 그러고는 조금 뒤에 그 집에서 우는 소리가 나기에 물었더니, 주인 집 작은 낭자가 별안간에 죽었다고 하는 것이었다. 남이가 "내가 들어가서 보면 살릴 수 있다." 하자, 그 집에서 처음에는 허락하지 않다가 한참 뒤에야 허락하였다.

　남이가 들어가 보니 분 바른 귀신이 낭자의 가슴을 타고 앉았다가 남이를 보는 즉시 달아나는 것이었다. 그러자 낭자는 일어나 앉았다. 남이가 나오자 낭자는 다시 죽었다가 남이가 들어가자 되살아났다.

남이가 "어린 종이 가져온 상자 속에 무슨 물건이 있었더냐?" 하고 다른 종에게 물었더니, "홍시가 있었는데 낭자가 이 감을 먼저 먹다가 숨이 막혀서 넘어졌습니다." 하였다. 남이가 낭자의 아버지에게 본 대로 상세히 말하고 귀신 다스리는 약으로 치료하였더니 낭자가 살아났다. 이 낭자는 곧 좌의정 권람의 넷째 딸인데, 이 일이 계기가 되어 좋은 날을 가려 남이와 혼인을 정하였다고 한다.

권람의 넷째 딸이 홍시를 먹다가 그만 목에 걸려 숨이 막혀 잠시 의식을 잃고 목숨이 위험할 지경에 이르렀는데 남이 덕분에 살아났다는 이야기다. 부드러운 홍시를 먹다 숨이 막힌다는 상황이 조금 이상하지만, 떡을 먹다가 목에 걸려 죽는 경우도 있으니 완전히 거짓이라고 보기에는 어렵다. 아무리 부드러운 음식이라도 덮어놓고 급하게 먹으면 체하지 않을 도리가 없을 것이다.

권람의 넷째 딸과 남이의 설화처럼, 감과 죽음에 관련된 이야기는 그 이후에도 계속된다. 1479년 6월 5일자《성종실록》에 의하면, 성종이 왕비 윤 씨를 폐위시킬 때 왕비가 임금을 해하려는 목적으로 주머니에 넣어 다니던 것들을 이유로 들었다 한다. 윤 씨가 곶감과 독약인 비상을 함께 넣고 다녔다는 것이다. 비상가루는 하얀 색깔이어서 하얗게 꽃이 핀 곶감 위에 뿌리면 알아볼 수 없기 때문이다. 윤 씨가 정말로 성종을 죽일 생각이 있었는지는 확실치 않다. 비상 뿌린 곶감을 먹고 자살하려는 생각으로 들고 다닌 것일지도 모르고 누군가의 모함일 수도 있다. 그러나 성종 입장에서는 왕비가 갖고 다니는 독가루가 신경이 쓰일 수밖에 없었을 것이다.

성종이 죽고 성종과 윤 씨 사이에서 태어난 연산군이 왕위를 이었다. 연산군은 재위 시절에 맛있는 음식만 찾고, 사치가 심하다고 뜻있는 사람들에게 지탄을 받기도 했다. 연산군은 홍시를 특히 즐겼다.

1504년 10월 16일자 《연산군일기》에 따르면, 연산군은 충청도 관찰사에게 무려 홍시 1천 개를 바치라는 명령을 내렸다. 두고두고 먹을 생각이었겠지만, 금방 무르고 마는 연하디 연한 홍시를 상하기 전에 다 먹을 수나 있었을지 모르겠다. 좌우지간 1천 개의 홍시들을 요구했을 만큼, 연산군이 홍시를 좋아했던 건 분명하다. 그만큼 충청도 홍시가 맛있었다는 소리도 되겠다.

사치와 폭정으로 나라를 기울게 했던 연산군과는 정반대

위치에 이순신이 있다. 이순신 장군이 남긴 《난중일기》에 보면 홍시와 관련된 대목이 두 군데 나온다.

이순신 장군 　　　　　 ⓒ북앤포토

1597년 10월 25일자 일기를 보자. 장군은 그날 따라 몸이 불편하고 이리저리 뒤척이다 혼자 앉아 있었는데, 충청 우후虞候가 편지와 함께 홍시 한 접시를 가져왔다고 한다.

10월 27일에도 홍시 얘기가 나온다. 영광군수 전협의 아들인 전득우가 군관이 된 기념으로 이순신 자신을 만나러 왔고, 이순신이 그를 아버지가 있는 곳으로 돌려보냈더니 홍시 1백 개를 가지고 다시 왔더라는 것이다.

귀한 분에게 홍시를 가지고 가는 것이 일상적인 일이었던 모양이다. 홍시 1백 개를 상하지 않게 들고 가는 정성도 상상이 되고, 그걸 받은 이순신 장군의 기쁨도 상상이 된다. 덕분에 병사들이 귀한 홍시 맛을 보면서 전장의 아픔을 잠시라도 잊을 수 있었을 것 같다.

맛있는 과일 문화사

청나라 황제도 반한
홍시의 맛

우리 홍시는 중국 사람들도 아주 좋아했다. 병자호란으로 우리에게 크나큰 고통을 안겨 준 청 황제 홍타이지도 그랬다. 1628년 1월 6일자 《인조실록》에 의하면, 후금(1636년에 나라 이름을 청으로 바꾸었다.)의 사신들은 조선에 와서 계속 과일을 선물로 보내라고 요구했는데, 그중 가장 귀한 것이 바로 홍시 였다고 한다. 이에 조선 조정에서는 홍시를 후금으로 넉넉하게 보내는 것이 좋다는 결론을 내렸다. 위협적인 군사력을 갖춘 강대국으로 성장하고 있는 후금을 자극하기보다는 그들이 요구하는 대로 홍시를 많이 보내 주어 관계를 원만히 하는 편이 좋다고 여겼기 때문이다.

같은 해 12월 5일자 《인조실록》에서는 후금의 사신이 은 85냥을 주면서, 홍시를 사고 싶다고 했다는 기록이 있다. 이 요구에 조선 조정에서는 후금과 국경을 마주한 의주에 시장을 개설해서 그곳에서 후금 사신이 원하는 대로 홍시를 거래하되, 평안도 서쪽의 섬인 가도에 주둔한 명나라 장수 모문룡이 이 사실을 알고 약탈을 할까 봐 두렵다는 논의가 오갔다. 모문룡은 요동에 살던 명나라 군인인데, 요동이 후금의 침략을 받자 후금을 피해 명나라 백성들을 이끌고 가도로 피난을 가 그곳에 정착한 인물이다. 모문룡은 자신이 후금에 맞서 싸운다고 선전하여 명나라와 조선으로부터 많은 돈과 식량 지원을 얻어 냈지만, 사실은 한 일이 거의 없었다. 오히려 자신을 따라 가도까지 온 명나라 백성들이 굶어 죽도록 내버려 두고, 말로만 후금군을 상대로 싸운다고 떠들었다. 그러면서 평안도 해안가를 습격하여 조선 백성들을 죽여 놓고 후금군을 죽여 공적을 세웠다고 거짓말을 했다. 뿐만 아니라 부하들을 시켜 조선이 명나라 황제에게 보내는 선물까지 약탈하게 했을 정도로 탐욕스럽고 포악한 사기꾼이었다. 그런 모문룡이 만약 조선이 후금과 거래를 하는 시장에 홍시를 내놓았다는 사실을 안다면, 홍시마저 도둑질하려고 쳐들어오지 않을까, 불안했던 것이다.

6년 후인 1634년 12월 29일자 《인조실록》에는 후금의 한(汗, 여진·만주족 임금의 호칭), 곧 홍타이지가 예전에 조선에서 보낸 홍시의 양이 적다며 홍시 2만 개를 바치라 한다는 기록이 있다. 1년 후인 1635년 11월 4일자 《인조실록》에는 무려 3만 개의 홍시를 해마다 보내 달라고 했다는 기록이 남아 있다. 자그마치 3만 개라니, 그 양이 너무 많아 진짜 그랬을까, 싶을 정도다. 모르긴 몰라도 홍타이지는 조선의 홍시 맛에 완전히 빠져 버렸던 모양이다.

3만 개의 홍시를 해마다 보내라는 홍타이지의 요구에 인조 임금은 그렇게 하라고 명령을 내렸다. 행여나 홍시를 보내지 않아 홍타이지의 기분을 상하게 하면 후금 군대가 조선을 침략할 수도 있었기 때문이었다.

그렇게 애썼는데도 결국 1년 후인 1636년, 홍타이지는 10만 대군을 이끌고 조선을 침입해 병자호란을 일으키고 말았다.

홍타이지가 일으킨 병자호란은 청나라의 승리로 끝났고, 조선은 청나라의 힘에 눌려 굴복해야만 했다. 청나라는 전쟁에서 이긴 뒤에는 더욱 노골적으로 홍시를 요구했다. 1639년 11월 15일 《인조실록》에는 청나라에서 일하는 조선인 통역관인 정명수가 "조선에 오는 청나라 사신을 위하여 홍시를 가득 담은 광주리 스무 개를 준비하여, 청나라까지 실어 나르라."고 요청했다는 기록이 있다. 이에 따라 조선은 청나라 수도 심양까지 홍시를 보냈다. 병자호란에서 패배한 조선이 거절할 수 있는 요청이 아니었다.

청나라 황제 홍타이지의 신하인 용골대도 홍시를 즐겼다. 1642년 10월 28일 용골대는 조선에 사람을 보내서, 자기 집안에 결혼식이 있으니 홍시 2천 개를 선물로 보내라고 요구했다. 용골대는 홍타이지의 신임이 두터운 고위층이라 요구대로 홍시를 보낼 수밖에 없었다.

이렇듯 청나라의 황제와 고위 관리들은 조선으로부터 수만 개가 넘는 홍시들을 선물로 받아 갔다. 홍시를 만주 땅에서 쉽게 구하기 어려운 점도 있었을 테지만, 무엇보다 조선에서 나는 홍시의 맛이 매우 뛰어나서 그들의 입맛에도 잘 맞았던 듯하다.

귤 바치느라 고생한 것도 제주 백성들, 홍시 바 치느라 고생한 것도 조선의 백성들이다. 이래 저래 고약한 세월을 보내는 것은 백성들의 몫이었다.

갖다 바치느라 고생스럽기도 했지만, 감 은 우리 조상들도 사랑하는 과일이었다.

조선 후기에 편찬된 백과사전인 《산림경제》에는 감을 이용 한 요리와 감을 보관하는 방법이 기록되어 있다. 그만큼 감이 널리 사랑받았다는 증거겠다. '곶감떡'이라고도 불리는 시병柿 餠 요리부터 살펴보자. 이 곶감떡은 말 그대로 곶감을 넣고 만 드는 떡인데, 찹쌀 1말과 곶감 50개를 함께 넣고 빻아서 가 루로 만들고 거기에 마른 대추가루를 넣고 다시 빻아 가루로 만든 다음, 그것을 체로 곱게 치고 나서 시루에 넣고 푹 찌면

된다. 여기에 잣이나 호두를 넣고 꿀을 발라서 먹는다고 나와 있다.

홍시 보관법도 소개되어 있다. 우선 상수리 나뭇잎으로 홍시를 하나하나 두껍게 싸서 싸리나무로 엮어 만든 광주리나 유기그릇을 나무 사이에 걸어 놓고, 그 위를 거적으로 두껍게 덮고 눈이나 비가 스며들지 않게 하면 오래 놓아두어도 상하지 않는다고 적혀 있다. 아울러 덜 익은 홍시를 끓여서 식힌 소금물에 담가 두면, 오래 놔두어도 그 색이 변하지 않는다는 것도 쓰여 있다.

또 "감을 게와 같이 먹으면 안 된다."는 말도 적혀 있다. 한의학에서도 감과 게를 같이 먹으면, 소화불량에 걸려 몸이 탈나기 쉽다고 하는데, 실제로 우리 역사에서 그런 일이 벌어진 적이 있었다. 사건의 주인공은 조선의 스무 번째 임금인 경종이었다.

사극에 단골로 나오는 등장인물인 장희빈과 숙종 임금 사이에서 태어난 경종은 어릴 때부터 몸이 허약했다. 숙종에게 사약을 받고 장희빈이 죽어 갈 때, "내가 죽을 바에는 이 씨 집안의 씨를 남기지 않겠다!"라고 저주를 퍼부으며 아들을 죽이려 덤벼들었는데 그 일로 경종이 마음의 상처를 받아 허약해졌다는 이야기가 전한다. 아무튼 경종은 세자 시절이나 왕이 되고 나서도 줄곧 몸이 허약해서 아이를 낳지 못해, 숙종과 숙빈 최 씨 사이에서 태어난 이복동생인 영조가 왕위를 잇게 되었다.

즉위한 지 4년이 되는 1724년 8월 21일, 경종은 몸도 아프고 도무지 입맛이 없어 자리 보전을 하고 누웠는데, 이때 영조가 경종에게 "전하께서 입맛이 없으시니, 여기 제가 바치는 생감과 게장을 한번 드셔 보시옵소서." 권유했다. 의원들은 감과 게를 함께 먹으면 나쁘다고 반대했으나, 경종은 동생이 주는 음식을 받아서 맛있게 먹었다.

그로부터 얼마 지나지 않아 경종은 심한 복통과 설사에 시달리다 그만 죽고 말았다. 아이가 없던 경종의 뒤는 결국 영조가 잇게 되었다. 이를 두고 많은 사람들은 영조가 형을 죽게 한 패륜아라고 숙덕거렸다. 형을 죽인 극악무도한 범죄를 저지른 영조는 왕이 될 자격이 없다면서 반란을 일으킨 이들도 있다. 영조의 반대파였던 신치운은 "전하가 즉위한 해(1724년)부터 지금까지 나는 게장을 먹지 않았소!"라고 빈정거리기까지 했다. 그 말을 들은 영조는 눈물을 흘리며 분노했다고 실록에 기록되어 있다.

감과 곶감, 그리고 홍시는 고려 시대부터 지금까지 변함없이 사랑받고 있다. 감을 먹고 왕이 죽거나, 곶감 때문에 왕비가 쫓겨나기도 하고, 적국의 황제가 홍시의 달콤한 맛에 반해 수천 개에서 수만 개씩 바치라 요구하기도 했다. 요즘 아이들은 별로 좋아하지 않는 과일이지만, 얼마 전까지만 해도 할아버지, 할머니가 계신 집에서는 겨우내 어르신들 간식 역할을 톡톡히 했다. 자꾸만 홍시를 보내라고 졸랐던 청나라 장수나 황제의 이야기를 듣는다면 아이들이 혹 홍시를 맛있게 먹어 주려나?

감 | 평화와 바꾼 과일

5장

포도

인류 문명과
함께한 과일

인류가 자신들의 삶을 기록한 이래 가장 오래전부터 사람
들이 먹어 왔던 과일은 바로 포도였다. 따라서 가장 오래된 술
도 포도주다. 포도는 당도가 매우 높아서 바깥에 오래 놓아
두면 저절로 발효가 되어서 포도주로 변한다. 그러니 원시적인
생활을 하던 인류가 가장 쉽게 맛볼 수 있는 술이 포도주인
건 당연한 일이었을 것이다.

　세계 최초의 문명이라 일컬어지는, 기원전 3300년 무렵의
수메르 문명 시절부터 인류는 포도와 포도주를 즐겨 먹었다.
수메르 시절에 등장한 서사시인《길가메시 신화》를 기록한 점
토판에 의하면, 현자인 우트나쉬피팀은 신들의 계시를 받고
인류를 멸망시킬 대홍수에서 살아남기 위해 커다란 배, 즉 방
주를 만들었다. 그 방주 건설에 참여한 일꾼들에게 포도주를
강물처럼 실컷 마시게 해 주었다는 대목이 나온다. 대홍수와

방주라니, 어디서 많이 들어 본 내용이 아닌가? 그렇다. 바로 《구약성경》에 나오는 노아의 대홍수와 방주 설화의 원조가 이 《길가메시 신화》였다. 수메르인들보다 훨씬 늦게 문명을 시작한 후발 주자인 유대인들이 뒤늦게 대홍수와 방주 설화를 베껴 왔던 것이다.

여하튼 수메르 시절부터 인류는 포도를 재배하고 그 포도를 발효시킨 포도주를 마셨으며, 이 포도 문화는 수메르의 주변 지역인 서아시아와 그리스와 이집트 지역으로 전파되었다.

먹는 법은 다 달라도

서양 문명의 뿌리로 일컬어지는 고대 그리스 시절부터 포도주는 사람들에게 사랑받아 왔다. 그리스는 이집트와 서아시아 지역을 상대로 일찍부터 교역을 해 왔는데, 그 과정에서 포도와 포도주 문화를 일찌감치 받아들이게 됐다. 산과 척박한 땅이 많은 그리스에서는 밀농사가 잘 안 되었다. 서양 사람들의 주식이 밀이니, 그건 참 곤란한 일이었을 것이다. 하지만 그리스는 대부분의 밀을 해외에서 수입해 와야 하는 대신, 기후가 따뜻하여 포도 농사는 잘 됐다. 그래서 일찍부터 포도 농사와 그 포도를 이용해 만드는 포도주가 발달했고, 그리스의 중심지인 아테네는 포도주가 주요 수출품이기도 했다. 아테네산 포도주는 소나무의 진액인 송진이 들어간 것이 특징이어서, 해외에서 큰 인기가 있었다고 한다.

고대 그리스의 포도주는 지금보다 탁하고 걸쭉해서, 물을 타서 마시는 방식이 일반적이었다. '심포지엄'이라 불리는 토론회에서는 으레 참석한 사람들에게 포도주가 나왔는데, 물을 적게 타서 마실수록 취기가 더 올라가서 즐거운 자리가 되었다고 전해진다.

포도주에 아예 물을 타지 않고 마시는 사람은 지독한 술주정뱅이라고 하여 경멸했다고 한다. 스키타이족들은 포도주를 그대로 마셔서, 그리스인들에게 미개한 족속이란 소리를 듣곤 했는데, 그래서인지 두 나라는 종종 적대적인 관계에 놓이곤 했다. 그리스 역사가인 헤로도토스가 남긴 《역사》에 의하면, 스파르타의 왕 클레오메네스는 스키타이족들과 오랫동안 교류하며 친하게 지냈는데, 포도주에 물을 타지 않는 스키타이 사람들의 음주 습관을 배워 물을 타지 않고 마시곤 했단다. 그러다 그만 정신이 나갔고, 길에서 만나는 사람마다 지팡이로 때려 대더니 결국 자살하고 말았다고 한다. 그 이후로 스파르타에서 실컷 포도주를 마시자고 할 때는 "스키타이 방식에 따라서 달라."고 말한다는 풍습이 생겨났다.

그리스의 포도주 문화는 그리스 문명을 열심히 베끼던 로마인들에게도 전해졌고, 로마군 병사들은 군용 식량으로 포도주를 가져갔다. 그리고 포도주를 마시며 싸우던 로마군은 유럽의 대부분을 정복했고, 그들이 정복한 각 지역에 포도 재배와 포도주 문화를 전파했다. 현대의 이탈리아와 프랑스와 스페인 등지가 포도주의 명산지가 된 것도, 로마가 전한 포도주 문화 덕분이었다.

반면 로마인들의 적인 북방의 게르만족들은 처음엔 포도와 포도주를 그리 좋아하지 않았다. 그들이 살던 곳은 날씨가 추워서 포도가 자라기에 적합하지 않았고, 포도주도 그다지 환영받지 못했다. 게르만족들에게는 보리를 발효시켜 만든 맥주가 있었기 때문이다.

게르만족이 포도주를 즐기게 된 것은 그들이 로마제국을 무너뜨린 뒤부터였다. 중세 유럽을 지배하던 기독교에서는 포도주를 '신의 피'로 여기며 성스럽게 대하고 있었고, 교회에서 미사를 볼 때도 포도주가 꼭 있어야 했다. 게르만족이 그 문화를 받아들이면서 포도 재배가 유럽 각지로 더 활발히 전파되게 되었다.

기독교가 포도주를 '신의 피'라고 부르게 된 것은 예수 그

포도주로 변한 물

©wikipedia

리스도가 보인 기적 때문이었다.《성경》에 따르면 예수는 가나의 혼인 잔치에서 물을 포도주로 바꿔 사람들이 나눠 마시도록 했다. 또 제자들과 가진 마지막 만찬에서 포도주를 가리켜 "이것은 나의 피니, 너희들은 이것을 마시고 나를 기억하라. 내 피를 마시는 자는 영원한 생명을 얻으리라." 했다는 일화도 널리 전한다. 그러니 기독교 문화권에서는 포도주를 귀하게 여길 수밖에 없을 것이다.

　16세기부터 서구인들이 아메리카 대륙으로 진출하면서 유럽의 포도 재배와 포도주 문화가 함께 건너갔다. 그후로도 오랫동안 포도주, 하면 으레 본고장인 유럽의 것만 각광받았으나 21세기에 접어들면서 미국과 칠레에서 생산되는 포도와 포도주가 사랑받기 시작했고 새로운 포도 문화 산지로 자리 잡는 중이다.

여의주에 비견된 과일

　서양보다는 다소 짧지만, 동양의 포도와 포도주 문화도 결코 무시할 수 없다. 동아시아의 중심부인 중국에서는 서한 시대부터 포도를 재배해 왔으며, 포도주 문화가 시작되었다. 서한의 일곱 번째 황제인 한 무제(기원전 156년~기원전 87년) 시절, 중국의 사신인 장건(張騫, ?~기원전 114년)이 한나라를 위협하는 북방 강적인 흉노족에 맞서 싸울 동맹국을 찾기 위해 멀리 서역(지금의 중앙아시아 지역)을 방문하게 된다. 그 여정에 대완국(大宛國, 현재 우즈베키스탄 동부의 도시인 페르가나Fergana)을 지나다가, 사람들이 포도를 재배하는 모습을 보게 되었다.

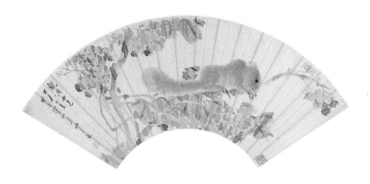

다람쥐와 포도, 중국

장건이 그 포도를 중국으로 가져와 심으면서 비로소 중국에 포도가 전래되었다.

장건과 같은 시대를 살았던 역사가 사마천은 그가 지은 책인 《사기》의 〈대완 열전〉에 대완 주민들이 재배하여 먹었던 포도와 포도주에 대해서 이렇게 기록하기도 했다.

대완국과 그 주변에서는 포도로 술을 만들었다. 그중에서 잘사는 사람들은 1만 동이 이상의 술(포도주)을 저장하기도 했다. 그 술 중에서 오래된 것은 십 년이 넘게 저장을 해도 맛이 그대로였다. 대완 사람들은 술을 매우 좋아해서 즐겨 마셨다. 나중에 대완국을 방문한 한나라 사람들이 (포도의)

씨를 가져오자, 한 무제가 중국에서 최초로 그 씨를 과일이 자라기에 적합한 땅에 심게 했다. 시간이 지나자, 궁궐 곳곳에 포도가 무성히 자라났다.

그때부터 포도와 포도주는 중국인의 일상에 자리 잡기 시작했다. 중국 북송 시대에 나온 소설책인 《태평광기》에는 포도에 관한 흥미로운 대화가 오간다.

유신: 나는 업 땅에 있을 때 포도를 실컷 먹었는데, 그 맛이 아주 훌륭했소.

진소: 그 포도가 어떻게 생겼습니까?

서군방: 고욤나무 열매와 비슷하게 생겼습니다.

유신: 당신은 사물을 제대로 표현할 줄 모르는군요. 왜 덜 익은 여지 같았다고 말하지 않았습니까?

위조사: 위나라 무제는 '여름이 끝나고 가을이 올 무렵에는 늦은 더위가 닥치는데, 술에 취했다가 깨었을 때 (포도를) 이슬이 맺힌 채 먹으면 달아도 엿처럼 달지 않고 신맛도 식초처럼 시지는 않다.'고 시를 지었습니다. 그 말만 들어도 먹음직스러워서 입 안에서 침이 흐르는데, 직접 먹어 본 사람이야 얼마나 맛있겠습니까?

울근: 그것은 본디 대완국에서 자랐는데, 장건이 중국에 가져왔습니다. 포도가 익을 때면 열매끼리 서로 옹기종기 붙어서 마치 별이 달리고 구슬이 모여 있는 것같이 생겼습니다. 서역에서는 포도를 가지고 술을 담그는데, 그 술을 매년 선물로 가져옵니다. 한나라 때 장안에도 포도가 꽤 많았던 듯합니다. 두릉에 있는 밭 50무 중에 포도나무가 백 그루나 있었다고 하니까요. 지금 도성에도 궁궐 안의 동산에 조성한 숲에서만 볼 수 있는 것은 아닙니다.

유신: 동산마다 포도를 심고 집집마다 포도를 기르면 그늘이 서로 닿고 포도나무 받침대가 계속 이어지겠군요.

진소: 그 맛을 귤과 비교하면 어떻습니까?

유신: 즙은 귤보다 훨씬 맛있지만, 향기는 약간 덜합니다.

울근: 포도는 한 번 입 안에 넣으면, 그 열매가 저절로 녹아드는 통에 허겁지겁 먹기도 바쁩니다.

위에서 언급된 여지荔枝는 동남아시아가 원산지인 과일이다. 여지는 붉은 돌기가 돋아 있는 껍질에 싸여 있는데, 껍질을 벗기면 새하얀 속살이 나오며, 그 맛이 매우 달콤하다. 그래서 일찍부터 중국인들이 즐겨 먹었는데, 특히 당나라 현종 황제의 애첩인 양귀비가 굉장히 좋아해서 당나라 군인들이 여지를 가득 담은 바구니를 신고서 매일같이 말을 달려 궁궐까지 진상했다는 이야기도 있다.

위조사가 말한 '위나라 무제'는 《삼국지》의 주인공인 조조를 가리킨다. 조조는 정치인이자 군인이면서 뛰어난 시인이기도 했는데, 포도를 일컬어 "술에 취했다 깰 때, 포도를 먹으면 그 맛이 지나치게 달지도 시지도 않다."고 평하고 있다.

《태평광기》의 다른 대목을 보자.

구구의 남쪽에 포도곡蒲萄谷이 있다. 계곡에는 포도가 있는데, 포도알을 따 먹을 수는 있지만 혹시라도 가지고 가려는 자가 있으면 길을 잃고 헤매게 된다. 세상 사람들은 그것을 일러 '왕모포도王母蒲萄'라 한다.

천보天寶 연간(742년~756년)에 담소 스님이 여러 산을 여행하다가 이 계곡에 와서는 포도를 발견하고는 따서 먹었다. 또 지팡이로 만들어 쓸 수 있음직한 이미 말라 버린 넝쿨을 발견했는데, 손가락만 한 굵기에 길이는 5척(대략 150센티미터) 정도 되었다. 담소 스님이 그 덩굴을 가지고 절로 돌아와 땅에 심자 덩굴이 다시 살아나 몇 길이나 높이 자라 올라가더니 폭이 10장(대략 30미터)이나 되는 그늘을 드리웠는데, 아래에서 올려다보면 휘장의 덮개처럼 생겼다. 그 옆에 포

묵포도도

도송이가 열렸는데, 보라색의 열매들이 떨어질 것만 같았다. 당시 사람들은 그 포도나무를 '초룡주장草龍珠帳'이라고 불렀다.

본문에서 말한 '왕모포도'의 왕모는 아마 중국 신화의 여신인 서왕모를 가리키는 듯하다. 포도알을 그냥 따서 먹는 건 괜찮지만 밖으로 가지고 나가려는 탐욕을 부리면 길을 잃고 헤매게 된다는 이야기는, 동망산에서 귤을 실컷 따 먹고 가지고 나오려다 길을 잃었다는 사람들의 이야기를 떠올리게 한다. 둘 다 욕심과 탐욕을 경계하는 이야기다.

'초룡주장'에서 '용주'는 용이 가진 신비한 구슬인 여의주를 뜻하는 말이다. 중국인들은 포도나무가 여의주가 달린 나무처럼 생겼다고 여겼던 듯하다.

멋을 아는 조선의 선비라면

우리나라에도 꽤 유명한 포도가 있다. 조선 중기의 학자 율곡 이이의 어머니인 신사임당(申師任堂, 1504년~1551년)은 묵포도도墨葡萄圖를 그렸다. 알맹이가 탐스럽게 열린 포도 덩굴을 그린 것인데, 현재 이 그림은 신사임당의 초상이 들어간 5만 원 화폐의 앞면에 그려져 있다.

신사임당은 다산의 상징으로 여겨지는 포도를 즐겨 그렸다고 전해지는데, 이와 관련한 재미있는 일화가 있다. 하루는 하녀 한 명이 국그릇을 들고 가다가 그만 엎지르는 바람에 치마가 젖었는데, 신사임당이 국물 얼룩을 바탕으로 멋진 포도 그림을 그려 내 그 치마 역시 비싸게 팔렸다는 것이다. 진짜인지는 모르겠으나, 신사임당이 당대에 꽤 인기 있는 화가였음을 짐작케 하는 일화이기는 하다.

고려 시대 이규보는 "포도가 나무에 감기어 아래로 늘어진 것이 마치 구슬 장식 같다."고 노래했고, 이색은 절에 열린 포도를 보고 "포도나무 줄기는 겹겹이 그늘을 만들고, (…) 시렁에 가득한 포도는 푸른 빛처럼 흐르네." 하고 노래했으며, 재상 이인복은 "푸른 옥구슬이 연이어 달렸으니 마치 가을 뱀이 달려가는 듯하구나. 한 번 따서 먹으니 향기가 입에 가득하네." 하고 찬탄했다.

이색 또한 포도를 이렇게 노래했다.

수정 포도를 읊다 水精葡萄

두어 송이 주렁주렁 수정이 매달리어
살갗은 투명하고 씨 또한 분명하여라
누가 만곡의 시고 단 맛을 저장했느뇨
입속에 아름다운 진액이 청신하구나

숲 아래 포도는 검은 수정과 같다는
급암의 노련한 필치는 벽 새에 빛나는데
예전처럼 산사의 예배를 드리는 곳에
시를 음미하노라니 뱃속까지 맑아지네

한 조각 맑은 얼음과 수정이
미세한 물질 결성하여 투명체 이뤘는데
좋은 시구 읊조리며 처음 맛보는 곳에
달빛 아래 금술잔 또한 맑기도 하여라

여주인지 수정인지 분간할 수도 없는데
패옥처럼 드리운 걸 밝은 님께 바치나니
누가 알랴 높은 구렁에 넝쿨 길게 뻗어

원숭이 매달리면 풍격 매우 청신한 것을

이것이 수정인가 수정이 아니란 말인가
동실동실 낱낱이 어찌 그리 투명도 한고
홀로 중화의 맛 간직한 게 유독 예뻐라
빙벽은 한갓 청고함만 과시할 뿐이라네

일백 하고도 사십 개의 수정 포도가
손바닥 안에 뒹굴으니 두 눈이 환해지네
목옹의 마음속에 방금 띠풀이 꽉 찼다가
이걸 대하니 한 점 맑은 기가 문득 생기네*

數朶離離綴水精 肌膚瑩徹子分明

誰藏萬斛酸䐃味 齒舌中間瓊液淸

林下葡萄黑水精 及菴老筆壁間明

依然山寺行香處 咀嚼詩聯徹骨淸

一段淸氷與水精 結成微質似空明

* 〈한국고전번역원〉, 임정기 옮김(2002년), '목은시고 제18권'의 '수정 포도水精葡萄를 읊
다' 편, http://db.itkc.or.kr/dir/item?itemId=BT#dir/node?grpId=&itemId=BT&gub
un=book&depth=5&cate1=E&cate2=&dataGubun=%EC%B5%9C%EC%A2%8
5%EC%A0%95%EB%B3%B4&dataId=ITKC_BT_0020A_0250_010_0760

高歌白雪初嘗處 月下金樽更至淸

未辨驪珠與水精 綴旒環佩奉王明

誰知絶壑拖長蔓 掛得獼猴格甚淸

是水精耶非水精 團圓箇箇更通明

最憐獨得中和味 氷蘗徒誇苦與淸

一百四十箇水精 掌中圓轉眼中明

牧翁心地今茅塞 對此俄生一點淸

목은, 즉 이색 본인의 마음에 차오르는 포도 흥취를 놀랍도
록 세세히 그리고 있다. 풍류를 즐기려면 이 정도는 되어야 명
함이라도 내밀 수 있을 듯 하다.

조선 후기의 학자인 홍만선(洪萬選, 1643년~1715년)이 지은
백과사전인 《산림경제山林經濟》에도 포도에 관련된 기록들이
남아 있다.

포도송이를 밀랍으로 싸서 항아리에 넣고, 다시 그 위에 밀
랍을 녹여서 봉인을 해 두면 겨울이 되어도 포도가 상하지
않는다.
포도를 술에 담가서, 새 항아리에 담아 꼭꼭 봉해서 불길이
닿는 곳에 매달거나 걸어 두면 상하지 않는다.

포도 | 인류 문명과 함께한 과일

익은 포도알을 손으로 비비고 그 즙을 짜서 찹쌀밥과 하얀 누룩과 섞어서 빚으면 저절로 술이 되고 맛도 훌륭하다.

야생 과일인 머루 역시 같은 방법으로 술을 빚어 마실 수 있다.*

조선의 선비들은 포도주와 머루주를 즐겼던 것으로 보인다. 멋과 풍류를 아는 선비라면 응당 그러할 수밖에 없었을 것이다. 기록으로나마 그때 사람들의 삶을 들여다볼 수 있으니 참으로 다행이다.

* 한국고전번역원, 정소문, 박찬수, 정양완 옮김(1982년), http://db.itkc.or.kr/dir/item?itemId=BT#/dir/node?dataId=ITKC_BT_1298A_0030_050_0030
http://db.itkc.or.kr/dir/item?itemId=BT#dir/node?grpId=&itemId=BT&gubun=book&depth=5&cate1=G&cate2=&dataGubun=%EC%B5%9C%EC%A2%85%EC%A0%95%EB%B3%B4&dataId=ITKC_BT_1298A_0030_050_0140

6장

복숭아

축복받은
불로장생의
과일

수박과 함께 여름, 하면 떠오르는 과일은 복숭아다. 복숭아가 쌓여 있는 가게에서 흘러나오는 달콤한 냄새하며, 껍질 벗긴 복숭아에서 흘러내리는 과일즙하며, 부드러운 속살을 베었을 때 입 안 가득 퍼지는 달콤한 맛은 다른 과일에 비할 바가 못 된다. 침 고이는 과일 복숭아 얘기를 해 보자.

먹는다고 누구나
불로장생하는 건 아니라서

복숭아의 원산지는 중국이다. 그런 만큼, 중국에는 예로부터 복숭아에 얽힌 흥미로운 기록들이 많이 전해져 온다. 중국의 고전 소설 《서유기》에도 복숭아에 얽힌 재미있는 이야기가 나온다.

　주인공인 손오공이 하늘나라로 불려 가서 복숭아나무들을 관리하다가, 호기심에 그만 복숭아들을 모두 먹어 치우고 말았다. 문제는 그 복숭아들이 불로장생을 주는 신비한 능력이 있다는 사실이었다. 그 때문에 손오공이 죽지 않고 영원히 살아서 하늘나라를 어지럽히는 못된 장난을 치게 되었고, 결국 손오공은 부처의 벌을 받아 하늘에서 쫓겨나 땅 밑에 갇히고 만다.

　복숭아를 먹고 죽지 않게 됐다는 설정으로 볼 때, 중국 사람들이 복숭아를 꽤 신성시했다는 것을 알 수 있다. 중국 동진 시대의 문헌 《박물지》에서도 이런 세계관을 엿볼 수 있다.

　　중국 한나라의 황제인 무제는 나이가 들자, 죽음을 두려워하다가 문득 이런 생각을 하게 되었다.

　　'듣자 하니 신선들은 신비한 도를 얻어서, 죽지 않고 영원히 살 수 있다고 한다. 그렇다면 그 신선들에게 나도 영원히 살게 해 달라고 빌면, 죽음에서 벗어날 수 있지 않을까?'

　　결심을 굳힌 무제는 산과 강에 산다는 신선들을 향해 제사를 올렸다. 그러면서 자기도 신선이 되게 해 달라고 빌었다. 그 정성이 하늘에 닿았는지, 어느 날 하얀 사슴을 탄 신선이 무제를 찾아와서는 이렇게 말했다.

"그대의 소원이 이루어졌소. 이제 곧, 먼 서쪽 곤륜산에 계시는 여신인 서왕모께서 그대를 만나러 직접 오실 것이오. 그때, 그대가 바라는 소원을 말해 보시오."

그 말을 듣자, 무제는 기뻐하며 승화전이라는 궁전에 장막을 설치하고는 깨끗이 목욕을 한 뒤 서왕모가 오기를 애타게 기다렸다. 그리고 7월 7일이 되자, 밤중에 자주색 구름을 탄 서왕모가 나타나서, 승화전에 내려왔다. 정말로 서왕모가 찾아오자, 무제는 서둘러 신하들과 시종들을 거느리고 마중을 나갔다. 서왕모는 무제를 보면서 말했다.

"오늘 내가 여기에 온 이유는 그대의 간절한 부름에 응답을 해서입니다. 그대가 그토록 바라던 대로 영원한 생명을 주는 신비한 복숭아를 드리겠습니다. 하지만 이는 매우 중요한 일이니, 다른 사람들이 보아서는 안 됩니다. 그대는 혼자서 승화전 안으로 들어오십시오."

서왕모의 말대로 무제는 다른 사람들을 모두 물러가게 한 다음, 자기 혼자서 승화전 안으로 들어가서 서왕모와 마주 보고 앉았다. 서왕모는 소매 안에서 복숭아 일곱 개를 꺼내더니 그중 다섯 개를 무제에게 주었다. 복숭아들은 한 주먹 안에 쥘 수 있는 돌멩이 정도의 크기였다. 서왕모에게서 복

맛있는 과일 문화사

숭아를 받아 든 무제는 껍질도 벗기지 않고 그대로 하나씩 먹었다. 그 맛은 부드러우면서 달콤했는데, 여태까지 먹어 본 어떤 과일들보다 더욱 맛있었다. 이것이야말로 낙원의 맛이라고 느끼면서, 무제는 복숭아 다섯 개를 허겁지겁 먹어 치웠다. 그리고 다 먹고 남은 복숭아의 씨들을 버리지 않고, 무릎 아래쪽의 옷자락에 슬쩍 내려놓았다. 그 모습을 본 서왕모는 이상하게 여기며 물었다.

"그 복숭아씨들을 왜 챙겨 놓으십니까?"

무제는 얼른 대답했다.

"저한테 주신 이 복숭아들이 참으로 맛이 있어서, 이대로 한 번만 먹기에는 너무 아깝습니다. 그래서 씨를 궁궐의 정원에 심어 복숭아나무로 키운 뒤에 두고두고 먹으려 합니다."

그 말에 서왕모는 방긋 웃으면서 말했다.

"쓸데없는 일을 하셨군요. 이 복숭아는 3천 년에 한 번씩만 열매가 열립니다. 그러니 지금 복숭아씨를 심는다고 해도 앞으로 3천 년은 기다리셔야 할 겁니다. 과연 그러실 수 있겠습니까?"

서왕모의 말에 무제는 의아해하며 질문했다.

"하지만 이 복숭아를 먹으면, 죽음에서 벗어나 영원한 생명을 얻는다고 하지 않으셨습니까?"

복숭아 | 축복받은 불로장생의 과일

"물론 그랬지요. 하지만 거기에는 한 가지 조건이 필요합니다. 단, 그것은 그대가 지키기에 무척 어려울 것입니다. 그래도 괜찮겠습니까?"

"그게 무엇입니까? 말씀해 주십시오. 뭐든지 듣고서, 그대로 따르겠습니다."

무제가 간절히 부탁하자, 서왕모는 잠시 머뭇거리다가 말했다.

"바로 욕심을 버리고 사치를 하지 않는 것입니다. 그대는 나라를 다스리면서, 지나치게 사치와 탐욕을 부리고 있습니다. 그런 사람은 아무리 이 복숭아를 많이 먹는다고 해도, 결코 신선이 되지 못합니다. 신선이 되기 위한 첫째 조건은 바로 세상의 부귀영화를 멀리하고 욕심을 버리는 일이니까요. 과연 그대한테 그런 일이 가능하겠습니까?"

서왕모의 말을 들은 무제는 얼굴을 찡그리며 입을 다물었다. 무제는 영원한 생명을 얻은 상태에서 지금 이대로 부귀영화와 사치를 누리는 삶을 살고 싶었지, 황제로서의 권력과 사치를 포기하고 싶은 것이 아니었기 때문이다. 하지만 잠시 생각해 보니, 권력과 부귀영화도 일단 살아 있어야 누릴 수 있다는 사실이 떠올랐다. 고민 끝에 무제는 서왕모에게 대답했다.

"말씀하신 일이 무척 힘들겠지만, 노력은 해 보겠습니다."

맛있는 과일 문화사

동방삭

"그렇다면 좋은 일이지요."

서왕모는 살짝 웃었지만, 어쩐지 무제의 말을 별로 믿지 않는 표정이었다.

그때, 승화전의 남쪽 창문에서 인기척이 났다. 소리가 난 곳으로 서왕모와 무제가 고개를 돌아보니, 누군가가 몰래 엿보는 중이었다. 무제가 서왕모에게 물었다.

"저기 누가 있는 것 같습니다. 대체 누구일까요?"

"아, 동방삭입니다. 예전에 나의 복숭아를 세 번이나 훔쳐 먹고, 지금은 신선이 되었지요. 그래서 불로장생의 몸이 되었답니다."

그 말에 무제는 얼굴이 환해졌다.

"그렇다면 이 복숭아를 먹고 영원한 생명을 얻는 일이 정말로 가능하단 말이군요!"

"물론이지요. 내가 말한 대로 하시면 됩니다."

이윽고 서왕모는 무제의 배웅을 받으면서 곤륜산으로 돌아갔다.

하지만 무제는 영원한 생명을 얻지 못하고, 일흔 살에 죽고 말았다. 권력과 부귀영화에 대한 미련을 끊지 못하고, 계속 사치스러운 생활을 즐기며 탐욕을 부렸기 때문에 복숭아를 다섯 개나 먹고도 아무런 소용이 없었던 것이다.

일설에 의하면, 서왕모와 한 무제가 먹었던 복숭아는 천도복숭아라고 한다. 이 천도복숭아는 원래 있던 복숭아 품종이 돌연변이를 일으켜 나타난 품종인데, 복숭아보다 신맛이 강하지만 대신 과일 표면에 털이 적은 데다 크기가 작아서, 껍질을 칼로 벗겨내고 먹어야 하는 기존의 복숭아보다는 먹기에 편하다.

도를 깨우치게 하는
천상의 맛

서진 시대로부터 약 6백 년 후인 중국 북송 시대에 나온 소설책 《태평광기》에도 복숭아와 관련한 내용들이 많이 보인다. 몇 가지 예를 들어 보겠다.

동방의 한 마을에는 지름이 3척 2촌(대략 96cm)이나 되는 큰 복숭아가 열리는 나무가 있으며, 씨와 함께 그 열매를 국으로 끓여 먹으면 오래 살고 씨 알맹이를 먹으면 기침을 치료할 수 있다고 적혀 있다.

또한 침주의 선단*에서 누군가가 진심으로 빌면 돌처럼 생

---

* 침주郴州는 지금의 중국 후난성湖南省에 있는 땅인데, 그곳에 신선神仙을 모신 제단 '선단仙壇'이 있었다.

긴 붉은 색의 '선도仙桃'라는 복숭아가 떨어지는데, 선도를 잘라 보면 씨가 삼중으로 되어 있고 이것을 갈아서 먹으면 모든 병이 낫는다는 말도 전한다.

그리고 업 땅의 화림원에서 나는 '구도勾桃'라는 복숭아의 열매는 무게가 2근에서 3근(대략 1.2kg~1.8kg)이나 되며, 입 안에 넣으면 녹아내릴 정도의 달콤한 맛으로 매우 유명하다고 한다.

이 밖에도 중국 서부인 토곡혼 지역에서 나는 복숭아는 그 크기가 무려 항아리만 하며, 이란에서 나는 '편도偏桃'라는 복숭아는 맛이 쓰고 떫어서 먹기가 힘들지만 씨 알맹이는 달콤하여 서역의 모든 나라에서 귀하게 여긴다고 기록되어 있다.

또한 낙양의 화림원 안에 있는 '왕모도王母桃'라는 복숭아는 마치 박처럼 생겼으며, 맛이 매우 달콤해서 먹으면 피로가 풀린다고 적혀 있다.

이런 기록들을 보건대, 당나라 때 활발한 개방 정책을 펼치면서 여러 곳의 다양한 복숭아에 대한 지식이 무역로를 타고 들어왔고, 덕분에 북송 시대 중국인들이 이렇게 복숭아에 대한 지식을 많이 갖게 된 것으로 보인다.

중국과 가까운 우리나라 사람들도 일찍부터 복숭아를 사랑

맛있는 과일 문화사

해 왔다. 우리 역사 기록에 복숭아가 최초로 보이는 때는 고려 때 지어진 역사서인 《삼국사기》다. 《삼국사기》에는 "103년 10월, 신라의 복숭아나무에서 꽃이 피었다."는 기록이 나온다. 그러니까 지금으로부터 거의 1천9백 년 전부터 이미 복숭아가 들어와 있었다는 얘기다.

그리고 신라 시대로부터 1천3백여 년이 지난 조선 시대에도 복숭아는 인기 있는 과일이었다. 조선 초, 유명한 학자였던 이원(李原, 1368년~1429년)의 문집 《용헌집容軒集》에는 〈이 참판이 복숭아를 보내 와서 사례하다謝李參判送桃〉라는 시가 실려 있다.

> 도성 동쪽 후미진 작은 언덕에
> 옛 사람이 일찍이 선도를 심었네
> 동방삭이 훔쳐 먹었던 것을 비웃으며
> 손수 따서 때때로 우리에게 보내 주네*
> 僻近城東有小皐 故人曾此種仙桃
> 笑他方朔勞偸得 手摘時時惠我曹

* 《용헌집》, 〈한국고전번역원〉, http://db.itkc.or.kr/dir/item?itemId=BT#dir/node?grpI
d=&itemId=BT&gubun=book&depth=5&cate1=H&cate2=&dataGubun=최종정
보&dataId=ITKC_BT_0042A_0040_010_0670

복숭아 | 축복받은 불로장생의 과일

동방삭은 앞서 한 무제와 서왕모가 만나는 것을 몰래 훔쳐 보았던 바로 그 인물이다. 중국의 전설에 의하면 동방삭은 서 왕모가 키우는 복숭아를 훔쳐 먹어서 3천 갑자, 즉 18만 년 이라는 수명을 얻어 사실상 불로장생의 몸이 되었다고 전해진 다. 이 시에서 이원은 자기 친구가 보내 준 복숭아가 동방삭이 먹었던 신비한 복숭아보다 더 좋다고 이야기하고 있는 것이다.

조선 초기의 문신인 이육(李陸, 1438년~1498년)도 문집《청 파극담靑坡劇談》에 복숭아에 대한 재미있는 이야기를 남겼다.

조선의 두 번째 임금인 정종 때 일이다. 내시 한 명이 2월 그믐에 우연히 정원 안에 들어갔다가 풀이 쌓인 더미 옆에 서 복숭아를 주워 먹는 세 사람을 보았다. 그래 가까이 가 보니, 그 사람들이 먹고 있는 복숭아가 어찌나 크고 붉은지, 마치 9월과 10월에 서리를 맞은 복숭아같이 아주 먹음직스 러웠다. 그래서 풀 더미를 헤쳐 봤더니 무려 수백 개나 되는 복숭아들이 잔뜩 나오는 것이었다. 내시는 복숭아를 몽땅 주워서는 임금께 바쳤다. 예상치 못한 선물을 받은 정종은 매우 기뻐하며 아버지 태조 임금을 모신 사당과 동생인 태 종에게 선물로 보냈다. 태종은 선물받은 복숭아를 원래 주 운 내시에게 상으로 다시 내렸고, 호위병을 데리고 궁궐로

가서는 복숭아를 차곡차곡 쌓아 놓고 구경했다. 그러고는 큰 잔치를 벌이고 밤중까지 즐겁게 놀았다고 전한다.[*]

그런가 하면 성종 시절의 문신인 성현(成俔, 1439년~1504년)의 문집 《용재총화傭齋叢話》에는 이런 이야기도 전해진다.

세종대왕 시절의 명재상으로 알려진 황희 정승의 집에는 복숭아나무가 자랐다. 열매가 열리기만 하면 옆집 아이들이 그 복숭아를 다 따 가곤 했다. 관대하기로 이름난 황희 정승은 그해도 어김없이 아이들이 복숭아를 따는 소리가 들리자 밖을 향해 "다 따 먹지는 말아라. 나도 좀 맛을 봐야겠다." 말하는 것이 고작이었다. 그리고 잠시 후에 나가 보니, 나무에 가득 열렸던 복숭아들이 모두 없어졌다. 아이들이 몽땅 따 가 버렸던 것이다. 하지만 황희 정승은 그저 허허 웃으며 넘어갈 뿐이었다.[*]

• 〈한국고전번역원〉, http://db.itkc.or.kr/dir/item?itemId=BT#/dir/list?itemId=BT&gubun=book
• 〈한국고전번역원〉, http://db.itkc.or.kr/dir/item?itemId=BT#/dir/list?itemId=BT&gubun=book

조선 후기에도 여전히 복숭아는 선비들에게 사랑을 받았다. 홍만선(洪萬選, 1643년~1715년)이 지은 백과사전인《산림경제山林經濟》에는 복숭아를 그냥 날로 먹는 것 말고도 요리해서 먹는 법이 실려 있어서 눈길을 끈다.

먼저 보릿가루로 죽을 만든다. 죽에 소금을 치고 식힌 다음, 새 항아리에 붓는다. 죽을 넣은 항아리 속에 복숭아를 잠길 정도로 넣고 항아리 독 입구를 단단히 막는다. 그러고 나서 겨울에 꺼내서 먹으면 마치 금방 딴 것같이 신선하다. 다만, 너무 익은 복숭아는 안 되고 약간 덜 익은 복숭아라야지 오랫동안 보관할 수 있다.

복숭아 정과 요리법은 이렇다. 복숭아 1백 개를 준비한 다음, 그 껍질을 벗기고 씨를 발라 낸다. 과육을 꿀에 졸여 신

물을 뺀 뒤에 다른 꿀에 넣고 다시 졸인다. 복숭아를 건져 올려서 말리고 차갑게 놔 두면, 달콤한 복숭아 정과를 먹을 수 있다.*

18세기 조선의 양반들이 어떤 간식을 먹었는지 알 수 있는 대목이다.

19세기 초, 조선의 유명한 떠돌이 시인이었던 김삿갓도 복숭아를 주제로 재미있는 시를 남겼다. 김삿갓이 어느 날 어떤 부잣집에 멋대로 들어가서는 집주인인 노인과 그의 일곱 아들들을 위해 시를 지었는데, 그 내용은 대략 이러했다.

저기 있는 늙은이는 사람이 아니고
그 아래의 일곱 아들들은 다 도둑이로다.

그러자 노인은 놀라서 얼굴을 찌푸렸고, 아들들은 모두 화가 나서 김삿갓을 내쫓으려 했다. 그때, 김삿갓은 다시 시를 이어서 지어 내놓았다.

---

* 〈한국고전번역원〉, http://db.itkc.or.kr/dir/item?itemId=BT#/dir/list?itemId=BT&gubun=book

하늘 위에서 내려온 신선 같구나.

아들들이 하늘의 복숭아를 훔쳐서 아버지에게 바쳤도다.

노인과 아들들을 각각 신선과 효자에 비유하면서 그들을 추켜세웠던 것이다. 그러자 노인과 아들들은 모두 기뻐하면서, 김삿갓을 융숭하게 대접했다고 한다.

세월 따라
먹는 방법도 가지가지

지금도 달콤한 복숭아는 널리 사랑받고 있다. 어릴 적 복숭아 통조림에 대한 추억 하나쯤 누구나 가지고 있을 것 같다. 병문안 갈 때나 어르신 계신 집에 갈 때는 달콤하고 맛있는 복숭아 통조림이 제몫을 톡톡히 했다. 과일 통조림 중에서 가장 많은 양이 유통되는 것이 바로 복숭아 통조림이다. 지금은 비싸서 복숭아 통조림 못 먹는 사람 별로 없는 세상이지만, 1980년대까지만 해도 복숭아 통조림은 아무나 먹을 수 없는 귀한 식품이었다. 〈펭귄사〉에서 만든 복숭아 통조림 광고가 텔레비전에서 인기리에 방영되었던 시절도 있었다.

복숭아 통조림은 1810년에 처음 등장했다. 영국의 피터 듀란드 Peter Durand란 사람이 양철로 만든 통 안에 미리 조리한 음식들을 넣어 두면 오랫동안 보관할 수 있다는 것을 알게 된 데서 시작되었다. 그러니까 통조림의 역사는 지금으로부터 겨우 2백 년이 조금 넘은 셈이다.

복숭아 통조림 ⓒ북앤포토

그런데 재미있는 것은 통조림이 처음 나왔을 때 지금처럼 통조림 뚜껑을 편리하게 여는 통조림 따개가 없었다는 사실이다. 통조림을 만든 피터 듀란드가 통조림 따개까지 발명했더라면 좋았을 텐데, 사정이 그렇지 못했다. 그래서 통조림을 받아 든 사람들은 통조림을 먹기 위해서 온갖 수단을 동원해야 했다. 벽에다 힘껏 던져서 통조림을 찌그러뜨려 열거나, 망치와 못으로 통조림을 찍어서 열거나, 혹은 칼로 통조림 뚜껑 부분을 힘껏 찔러서 어렵게 통조림을 열고는 했다. 보관은 오래 할 수 있다지만 이렇게 여는 게 어려워서야 널리 보급될 수가 없었다.

그러다가 1858년, 미국에서 비로소 통조림을 편리하게 열

수 있는 따개가 발명되었다. 통조림이 나온 지 무려 48년 만의 일이었다. 처음에는 크고 무거웠던 통조림 따개는 시대가 흐르면서 점차 작고 가벼워졌으며, 1959년에는 지금처럼 통조림 뚜껑 위에 고리가 달려서 한 번만 당기면 손쉽게 통조림을 열 수 있는 이른바 '원터치캔'이 미국의 에멀 프레이즈에 의해 발명되었다. '원터치캔'이 나오면서 전 세계 통조림 업계에는 일대 혁신이 불렀고, 별도의 통조림 따개보다 원터치캔을 사는 사람들이 늘어났다. 그러나 아직도 세계에는 통조림 따개가 필요한 통조림을 주로 먹는 나라들이 많다.

우리나라에 통조림이 처음 등장한 것은 1960년대였다. 복숭아 통조림이 들어온 지 얼마 안 됐을 때는 매우 귀한 식품으로 대우받았다. 제철인 가을이 될 때까지 기다려서 물로 씻고 칼로 껍질을 힘들게 벗기고 나서야 먹을 수 있었던 복숭아를 계절에 구애받지 않고 언제든지 따기만 하면 곧바로, 그것도 설탕에 절여 원래보다 훨씬 단맛의 복숭아를 먹을 수 있으니, 당연히 그렇지 않았겠는가!

다만 한동안 한국에서 복숭아 통조림은 원터치캔의 형태가 아니라, 별도의 통조림 따개가 필요한 방식으로 제작되었다. 원터치캔을 만들려면 비용이 더 많이 들었기 때문이었다. 그래서 1980년대까지는 복숭아 통조림 따려다가 통조림 뚜껑에 손을 베었다는 사람을 흔하게 볼 수 있었다. 그러다가 1990년대에 원터치캔이 도입되었고, 통조림 뚜껑에 베는 사람들도 많이 줄어들었다. 기술이 발전하고, 삶이 편리해져 가는 과정을 이렇게 한눈에 확인할 수 있는 분야도 그리 많지 않을 것 같다.

복숭아 | 축복받은 불로장생의 과일

7장

토마토

세계를 지배하는 붉은 소스의 원천

오늘날 우리들의 식탁에서 토마토는 빠질 수 없는 귀중한 먹을거리다. 토마토케첩이나 스파게티 소스는 물론이고 토마토를 토핑으로 얹어 먹는 피자나 토마토 치즈 샐러드 같은 간단한 요리까지, 토마토는 우리 식탁에 빠질 수 없는 식재료로 자리 잡았다. 그렇다면 이렇게 쓰임새가 무궁무진한 토마토는 언제부터 우리 곁에 오게 된 것일까?

토마토는 원래 노란색?!

토마토는 구세계, 그러니까 유럽과 아시아와 아프리카와 오세아니아에는 없었던 작물이었다. 토마토는 15세기 말에야 겨우 외부에 알려진 신세계, 즉 아메리카 대륙에서 자라고 있던 작물이었다. 1492년 스페인 탐험가 콜럼부스가 아메리카 대륙을 발견한 뒤 유럽인들은 새로운 세계로 가서 성공하려는 꿈을 품고 떠났고, 그 과정에서 비로소 토마토도 널리 알려지게 된 것이다.

최초의 토마토는 기원전 500년 무렵, 멕시코 남부에서 재배된 것으로 추정된다. 1521년 스페인 군대에 정복당하기 전까지, 멕시코는 아스텍 제국이 지배하고 있었다. 아스텍 원주민들은 토마토를 재배하여, 요리에 사용했다. 원래는 작은 과일이었던 토마토에서 돌연변이가 발생하여 큰 덩어리의 과일이 나오기도 했는데, 이 돌연변이 큰 토마토가 오늘날 현대에 널리 재배되고 있는 토마토의 직접적인 조상이 되었다.

1521년, 스페인 정복자 에르난 코르테스가 스페인 군대를 이끌고 아스텍 제국에 쳐들어왔다. 아스텍인들은 침략자에 맞서 용감히 싸웠으나, 강철 무기와 화약, 그리고 말을 가진 스페인의 뛰어난 군사력을 당해 내지 못하고 결국 굴복하고야 말았다. 아스텍 제국을 정복한 스페인인들은 고향인 유럽에 토마토를 전하게 된다. 이때, 유럽에 가져간 토마토는 지금처럼 크고 붉은색의 종류가 아니라, 작고 노란색을 지닌 토마토였다고 한다. 그래서 이탈리아의 의사이자 식물학자인 피에트로 안드레아 마티올리(Pietro Andrea Mattioli, 1501년~1577년)는 토마토를 "황금 사과"라고 불렀으며, 소금과 올리브기름처럼 요리 양념으로 쓸 수 있다고 주장했다. 그리하여 유럽에서는 1540년 무렵부터 토마토가 재배되었고, 요리 재료로 쓰이기 시작했다. 1692년, 이탈리아 남부 나폴리에서는 토마토를 요리하는 방법이 들어간 요리책이 출판되었다.

작은 토마토를 더 크고 단맛이 나는 토마토로 종자를 개량하는 일은 수백 년에 걸쳐 진행되었다. 이 작업도 주로 이탈리아의 각 지역에서 벌어졌으며, 덕분에 이탈리아 요리에는 토마토를 이용한 소스나 양념이 듬뿍 들어가게 되었다.

한편 유럽의 중심부와 거리를 둔 영국은 토마토를 다소 늦게 받아들였다. 토마토는 1590년까지 영국에서는 재배되지 않았다. 그러다가 이발사이자 외과 의사인 존 제라드가 1597년, 영국에서 최초로 토마토를 재배하고 아울러 토마토로 만든 소스를 선보였다. 제라드는 이탈리아와 스페인에서 토마토를 식용으로 먹는다는 것을 알고 토마토를 들여와 기르고 소스를 만들었다.

하지만 이탈리아인들과는 달리, 영국인들은 토마토를 그리 반기지 않았다. 영국 사람들은 낯선 식재료에 대한 거부감이 컸기 때문이다. 금욕적인 문화 탓이라는 이야기도 있다. 어떤 이들은 이탈리아 요리에 비해 영국 요리의 평이 안 좋은 이유도 영국인들의 금욕적인 식문화가 영향을 끼쳤을 거라 주장한다.

영국에서 토마토가 일상적인 식재료로 받아들여진 것은 18세기 중엽이다. 토마토 스프가 널리 퍼져 나갔고, 1820년이 되자 토마토가 영국의 채소 시장에서 차지하는 몫이 꽤 커졌다. 아울러 영국의 수준 높은 요리사들은 거의 대부분 토마토를 요리에 재료나 양념으로 넣게 되었다.

한편 미국은 영국의 식민지 시절이었던 1710년, 사우스캐롤라이나에서 최초로 토마토를 재배했다는 기록이 있다. 하지만 식민지 시절의 주민들이나 초기 미국인들은 토마토를 식재료로 그리 좋아하지 않았다. 토마토에 독이 들어 있어서, 먹으면 배탈이 나거나 죽는다는 잘못된 믿음이 널리 퍼진 탓이었다. 그래서 한동안 미국인들은 토마토를 음식이 아닌, 관상용 식물로 키웠다. 그러던 중 미국의 외교관이었던 토마스 제퍼슨이 파리에 머물던 중 토마토를 먹게 됐고, 토마토 씨앗을 미국으로 들여와 종자 개량에 나서게 됐다.

19세기 미국인 알렉산더 W. 리빙스턴(Alexander W. Livingston, 1821년~1898년)은 토마토의 역사에 한 획을 그었다. 리빙스턴은 상업적인 작물로 쓰기 위해 토마토의 여러 품종들을 개발했는데, 이는 결과적으로 인류의 식탁을 풍성하게 만들었다. 오랜 시간, 자기 집의 정원에서 수많은 종자 교배 실험을 한

토마토 | 세계를 지배하는 붉은 소스의 원천

끝에 리빙스턴은 1870년까지 무려 17종의 토마토 품종을 개발했다. 그러고는 토마토 판매업에 뛰어들어 큰 수익을 올렸다. 토마토에 시큰둥하던 미국인들도 리빙스턴 덕분에 다양한 토마토를 맛보게 되었고, 그 결과 토마토 재배 지역이 점점 넓어지게 된다.

놀랍도록 다양한 토마토 요리

토마토는 날것 그대로도 먹지만, 주로 케첩이나 스파게티 소스 같은 양념으로 조리해 먹는 경우가 더 많다. 그중에서 케첩은 전 세계에서 가장 널리 쓰이는 소스로, 거의 모든 음식에 잘 어울리는 만능 식재료이기도 하다.

그럼, 우리 인류는 케첩을 언제부터 먹어 왔을까? 흔히 케첩은 서구권에서 널리 쓰이기 때문에 서양에서 처음 나왔으리라고 생각하기 쉽다. 그러나 케첩의 기원은 의외로 중국이다. 중국 남부의 광동 지역에서는 소금에 절인 생선으로 소스를 만들었는데, 이것을 '코에-치압(KOE-chiap, 광동어로는 꿰찹鮭汁)'이라고 불렀다. '코에-치압'은 화교에 의해 말레이시아와 인도네시아 등지로 퍼져 나갔고, 17세기 동남아를 방문한 영국

인 탐험가와 선원들이 영어
식 발음으로 '케첩ketchup'
이라 불리기 시작했다.

토마토케첩 ©북앤포토

영국인들은 케첩을 유
럽과 북미로 가져가서, 현
지의 환경에 맞게 계란과
버섯, 굴, 홍합, 호두 등 여
러 가지 재료를 넣고 바꿔서 만들었다. 그중에서 버섯으로 만
든 케첩은 토마토로 만든 케첩보다 더 일찍, 그리고 널리 쓰였
다. 1742년 영국 런던의 요리책에서는 버섯 케첩이 영국 요리
에 넣는 중요한 조미료로 사용된다고 적혀 있다. 그리고 영국
에서 한동안 '케첩'이라는 단어는 곧 '버섯을 갈아서 걸쭉하게
만든 소스'를 뜻하는 것으로 쓰였다. 버섯 케첩은 아메리카 대
륙으로 넘어간 영국인들에 의해 1770년 무렵 북미 대륙에 소
개되었고, 지금도 그 소스를 쓰는 요리가 남아 있다.

1812년, 미국의 제임스 메시(James Mease, 1771년~1846년)
가 최초로 토마토를 사용한 케첩을 선보였다. 하지만 이때의
토마토케첩은 토마토 말고 식초와 소금에 절인 멸치 소스도
함께 들어간 것이었다. 지금 먹는 케첩에 비하면, 훨씬 짜고 비
린 맛이 강했다. 미국의 토마토케첩은 1850년대에 가서야 멸

치가 완전히 빠졌다.

　한동안 미국의 토마토케첩들은 가정에서 저마다 만들었고, 그래서 맛이 제각각이었다. 그러다가 1837년, 조나스 여크스 Jonas Yerkes가 자신이 만든 케첩을 병에 담아서 판매했는데, 이것이 바로 최초의 상업용 케첩이었다. 그리고 1876년, 헨리 J. 하인즈가 만든 회사인 〈하인즈Heinz〉에서 대규모로 토마토케첩을 생산하여 판매를 시작했고, 이 '하인즈 케첩'이 오늘날 우리가 일상에서 흔히 맛보는 토마토케첩의 직접적인 뿌리가 되었다. 조나스 여크스의 케첩보다 더 늦게 나온 하인즈 케첩은 미국 케첩 시장의 82퍼센트를 차지할 만큼, 거대 기업으로 성장했다. 케첩에 설탕을 듬뿍 넣어 단맛을 강하게 냈기 때문이었다. 오늘날 미국과 영국에서는 케첩을 필수 조미료로 쓰고 있는데, 특히 조리법이 그리 복잡하지 않은 영국 요리에 케첩이 중요한 양념으로 들어간다. 그래서 일부 요리 비평가들은 "케첩이 영국 요리에서 만능의 소스로 쓰인다"고 비판하기도 한다.

　케첩 말고도 토마토는 다양하게 쓰인다. 대표적인 예가 스파게티와 피자 등 이탈리아 요리에 들어가는 토마토소스를 들 수 있다. 토마토소스가 식재료로 쓰인 때는 그리 오래되지 않았는데, 대략 19세기부터 스파게티와 피자에 토마토소스가 들어갔다고 한다. 그전까지 스파게티와 피자는 버터나 치즈 정도만 넣어서 비교적 간단히 먹는 음식이었다. 그런데 토마토소스가 들어가면서 스파게티와 피자는 더욱 다채로운 맛을 내기 시작했고, 화려하게 변신했다. 지금 우리가 일상에서 즐겨먹는 토마토소스를 넣은 스파게티와 피자도 바로 19세기부터 새롭게 변한 이탈리아 요리에서 유래한 것이다. 토마토가 인류의 식생활에 크게 기여를 한 셈이다.

토마토가 없었다면 지금 우리가 먹는 피자나 토마토소스가 들어간 스파게티, 토마토케첩 등은 탄생하지도 못했을 것이며, 그만큼 인류의 식탁도 훨씬 단조로웠을 것이다.

여기서 재미있는 사실 하나. 토마토를 과일이라고 해야 할지, 채소라고 해야 할지 헷갈린 적 있으실 것이다. 나 역시 그랬다. 미국의 경우를 보면 처음에는 과일이었다가 나중에는 채소로 분류되는 변화를 보인다. 왜? 바로 돈 때문이다. 19세

토마토 요리들

©북앤포토

기 말 미국에서는 다른 나라에서 과일을 들여올 때는 세금을 내지 않고, 채소에는 세금을 매겼다. 그래서 토마토 상인들은 "토마토는 과일이다!" 주장하며 세금을 내지 않았다. 하지만 세금 제도 개혁을 통해 부족한 국가 재정을 더 확충하려는 노력을 기울이고 있던 미국 정부에서 1893년 대법원을 통해 "토마토는 과일이 아닌 채소다. 따라서 지금부터 모든 토마토들은 채소로 분류하여, 세금을 매기겠다."라고 판결을 내렸다. 그때부터 토마토는 채소가 된 것이다.

이와는 좀 다른 차원의 문제이기는 하지만, 토마토가 들어가는 요리들도 채소로 분류하느냐 마느냐 하는 게 문제가 된 적도 있었다. 21세기 초, 미국 정부에서 "청소년들이 채소를 잘 먹지 않고, 온통 탄산음료나 패스트푸드 같은 건강에 나쁜 음식들만 먹어서 사회 문제가 된다. 그러니 학교 급식 시간에 채소가 들어간 요리를 학생들에게 주로 먹이고, 탄산음료나 패스트푸드 등은 급식에서 제외하라."고 지시를 하자, 학교 급식에 음식을 공급하는 업체들이 "피자 위에 토마토, 바질 같은 갖가지 채소가 올라가지 않느냐. 그러니 피자를 패스트푸드가 아니라 채소로 분류해 달라!"로비를 했고, 결국 '피자=채소'라는 말도 안 되는 결론이 내려진 적이 있다. 한동안 미국에서는 토마토가 들어간 피자의 분류 여부를 놓고 찬반 여

맛있는 과일 문화사

론들이 엇갈리기도 했다. 고기를 좋아하는 미국인들은 피자에 토마토소스 정도를 제외하면 채소를 잘 넣지 않고, 햄이나 소시지 같은 가공육이 들어간 식재료들을 잔뜩 넣어서 먹었기 때문에 "피자를 채소라고 부르자는 말은 어불성설이다."라는 반론들이 강하게 일어났다.*

설탕 하얗게 뿌려 먹던
한국식 토마토

우리나라 사람들은 언제부터 토마토를 먹었을까? 지금까지 남아 있는 토마토에 관한 기록 중 가장 오래된 것은 조선 중기의 학자인 이수광(李睟光, 1563년~1628년)이 1614년에 지은 《지봉유설芝峰類說》이다. 이 책에 '남쪽에서 온 감'이라는 뜻을 지닌 '남만시南蠻枾'라는 말이 언급되는데, 학자들은 이 '남만시'가 바로 토마토라고 추측하고 있다. 그 추측이 맞는다면 토마토가 한국에 들어온 것은 대략 17세기 초반 무렵인 셈이다. 정확히 어떤 경로를 거쳐서 왔는지는 알 수 없으나, 아마도 중

* 결국 미국 의회는 피자를 채소로 분류하는 법안을 통과시켰다. http://www.segye.com/newsView/20111118003949

토마토 | 세계를 지배하는 붉은 소스의 원천

국 남부를 통해서 왔으리라고 생각된다. 하지만 우리 조상들은 토마토를 그리 좋아하지 않았던지, 조선 시대의 요리 관련 서적들을 뒤져 봐도 토마토를 즐겨 먹었다거나 가공해서 양념으로 썼다는 말은 찾아볼 수 없다.

그러다 1980년대에 이르러 한국의 경제 상황이 어느 정도 나아지고 토마토를 즐겨 먹는 서구의 음식 문화가 퍼지면서, 토마토는 비로소 사과나 배같이 일상에서 흔히 먹는 과일로 우리 식생활에 정착했다. 그 시절 토마토는 여러 개의 조각으로 큼직하게 썰어서 접시 위에 올려놓고, 그 위에 설탕을 듬뿍 뿌린 다음에 포크로 찍어서 먹곤 하는 과일이었다. 지금은 설탕이 해롭다는 인식 때문에 그렇게 먹는 이들은 거의 사라졌다.

그리고 1988년, 토마토는 뜻밖의 계기로 도약하게 된다. 미국에서 유학을 하고 돌아온 이상구 박사가 텔레비전에 나와서 "고기는 몸에 나쁘다. 고기 대신 과일과 채소를 많이 먹는 채식을 해야 건강에 좋다."는 주장을 하면서 한국 사회에 채식주의 열풍이 불었는데, 그 와중에 토마토가 주목을 받게 되었다.

이상구 박사는 비단 육식만 비판한 것이 아니라, "우리나라 사람들은 고춧가루나 고추장같이 매운 조미료를 너무 많이 먹는데, 이것도 몸에 나쁘다. 매운 음식을 멀리해야 건강에 좋다. 고추장 대신 토마토로 만든 소스를 먹어야 한다."고 말하면서, 토마토소스에 음식을 찍어 먹는 모습을 방송에 내보이기도 했다. 그러자 토마토와 그것을 가공해 만든 케첩이 불티나게 팔렸고, 토마토 식용 문화가 널리 퍼지게 되었다. 발효 김치를 상한 음식이라고 평했던 극단적 발언들 때문에 비판도 많았지만, 토마토를 한국 식재료로 퍼트리는 데는 확실히 공헌한 셈이다.

좀비 식물을 먹지 않을 권리

토마토가 몸에 좋다는 얘기는 하도 많이 들어서 이견의 여지가 없는 것 같다. 그런데 최근 들어 정말 그럴까? 싶은 생각이 들 때가 있다. 바로 유전자 조작 토마토 때문이다.

유전자를 조작한 토마토는 1994년 미국 기업 〈칼젠〉사가 만들었다. 놀랍게도 〈칼젠〉이 만든 유전자 조작 토마토에는 바닷물고기 넙치의 유전자가 들어가 있다. 물고기와 토마토의 혼종이라니, 채식주의자들은 이 토마토를 먹어야 할까, 말아야 할까.

유전자 조작 토마토를 만든 〈칼젠〉은 자신들의 발명이 인류에 크나큰 도움을 줄 위대한 업적이라고 선전하고 있다.

지금 전 세계의 수십억 명이나 되는 사람들은 식량이 부족해 굶주림에 시달리고 있다. 그러니 유전자 조작을 해서 만든 토마토 같은 작물들을 대량으로 싼 값에 공급해 굶주리고 있는 사람들에게 나눠 주는 것은 좋은 일이다.

유전자 조작 토마토가 무엇이 문제인가? 넙치의 유전자를 넣어 만든 유전자 조작 토마토는 보통 토마토보다 더 훌륭한 점이 있다. 바로 잘 상하거나 물러 터지지 않는다는 것이다. 일반적으로 보통 토마토는 잘 물러 터지고 상해서 오래 보관하기가 힘든데, 이 유전자 조작 토마토는 그렇지 않고 오랫동안 보관할 수 있다.

또한 유전자 조작 토마토 같은 작물에 너무 거부감을 가질 필요가 없다. 어차피 인류는 수천 년의 세월 동안, 옥수수나 밀 같은 수많은 작물들을 인위적으로 교배시키고 돌연변이를 만들어 내어 길러 오지 않았던가? 그러니 연구실에서 유전자 조작을 통해 기존 작물들을 개조시킨다고 해서 뭐가 문제란 말인가? *

---

* http://go-woon.co.kr/?c=1&p=13&sort=d_regis&orderby=desc&uid=566
http://m.ohmynews.com/NWS_Web/Opinion/opinion1_m1_list.aspx?CNTN_CD=A0002297189&TAB_GB=add
http://www.sciencetimes.co.kr/?p=115245&post_type=news&paged=15

이런 항변에도, 유전자 조작 토마토에 대해 반발하는 목소리도 적지 않다. 무엇보다 자연 상태에서 일어나는 돌연변이가 아니라, 서로 완전히 다른 생물인 넙치와 토마토의 유전자를 섞어 만든 토마토가 대체 사람의 몸에 어떤 나쁜 영향을 끼칠지, 아무도 알지 못한다는 점에서 말이다. 상온에서 아무리 오래 놔두어도 썩지 않는다는 유전자 조작 토마토가 과연 사람의 몸에 이롭기만 할 것인지도 의심스럽다. 모든 식물은 원래 썩어야 정상인데, 그걸 일부러 막았으니 다른 무슨 부작용이 생겼을지 모른다는 두려움도 만만치 않다. 그래서 일각에서는 유전자 조작 토마토 같은 농산물을 두고 "죽지도 살지도 못하는 좀비 같은 식물이다!"라는 평가를 내리기도 한다.

과연 유전자 조작 토마토가 인류를 배고픔에서 구원할 기적의 작물인지, 아니면 대기업들의 탐욕이 만들어 낸 사악한 '좀비 식물'이자 재앙이 될지는 아직 모른다. 결과를 알 수 있을 만큼 시간이 많이 흐르지 않았기 때문이다. 그러나 유전자 조작 토마토에 백만 가지의 이로움이 있다고 해도, 그 결과가 불분명한 유전자 조작 식품을 의심 없이 마구 먹게 두어서는 안 되는 것 아닐까?

토마토 | 세계를 지배하는 붉은 소스의 원천

8장

딸기

인류의
노력이 만든
빨간 선물

딸기는 신맛이 전혀 없이, 오직 달콤한 맛으로 사랑받는 과일이다. 그래서 임산부들이 가장 먹고 싶어 하는 과일로 꼽히기도 한다. 오늘날 우리가 일상에서 즐겨 먹는 딸기는 야생종인 산딸기를 인류가 오랫동안 품종 개량을 하여 만들어 낸 과일이다.

달고도 신 산딸기

지금 우리가 먹는 딸기의 기원은 '복분자'라고 부르는 산딸기였다. 산딸기는 야생 과일이라 산과 숲에서 흔히 자라는데, 지금의 딸기보다는 단맛이 다소 떨어졌다. 하지만 쉽게 딸 수 있고 술을 담가 먹을 수 있다는 점에서 오래전부터 사랑받았다.

산딸기   ©북앤포토

　고려 말의 시인이자 정치가였던 이색의 문집 《목은집》에 산딸기에 관한 시가 실려 있다.

　모란산으로부터 송도松都로 돌아가는 도중에 짓다

　산딸기 무르익어 온 산이 붉게 물들어라
　야금야금 씹어 먹으니 맛은 달고도 시네
　갑자기 검은 구름이 비를 몰고 지나가니
　십분 청쾌하여라 하늘의 덕을 입었네그려
　覆盆爛熳映山紅 細嚼甘酸齒舌中
　忽有黑雲携雨過 十分淸快荷天工

계곡의 급한 여울 건너기 몹시도 어려워
몸 가볍고 힘도 없어 다리가 덜덜 떨렸지
다행히 김 부자의 붙들어 줌을 힘입었지만
천산을 넘고 나서도 간담이 서늘하구나
急澗如傾渡甚艱 身輕無力脚難安
相扶賴有金夫子 過了千山膽尙寒

산비탈의 화려한 빛은 놀 속에 잠기고
해 저문 강가에 앉아 모래에 그림 그릴 제
짧은 돛대 나는 새는 물에 환히 비치었고
한 감실의 등불은 내 집보다 안온하였네[*]
山崖金碧鎖烟霞 落日江邊坐畫沙
短棹鳥飛明鏡裏 一龕燈火穩於家

이색 초상 ⓒwikipedia

이색은 산딸기의 맛을 "달고도 시다"고 표현했다. 야생종인
복분자는 단맛과 신맛이 함께 섞여 있는 품종이었음을 알 수
있다.

• 《목은집》, 〈한국고전번역원〉. http://db.itkc.or.kr/dir/item?itemId=BT#dir/node?g
rpId=&itemId=BT&gubun=book&depth=2&cate1=E&cate2=&dataGubun=서
지&dataId=ITKC_BT_0020A

조선 시대 사람들도 산딸기를 즐겨 먹었다. 《세종실록지리지》에는 "경기도와 충청도, 경상도, 강원도, 함길도(함경도)에서 복분자가 난다"고 기록이 있다. 또한 1539년 5월 20일자 《중종실록》에는 복분자에 얽힌 재미있는 이야기 한 편이 실려 있다.

원래 조선의 임금이 사는 궁궐의 후원에는 복분자를 심어 길렀다. 내관들은 후원에서 자라는 과일들을 제철마다 임금에게 따서 바쳤다. 5월의 어느 아침, 내관 한 명이 후원에서 자라는 복분자를 따러 갔다가, 후원 담장 한켠에 승려 한 명이 숨어 있는 걸 보게 됐다.

'혹시 저자가 임금을 죽이러 온 것은 아닐까? 어찌되었든 후원에 감히 숨어들었던 것만으로도 죄이니, 잡아서 알려야겠다.' 내관은 얼른 다가가 그 승려를 붙잡고, "무슨 일로 감히 임금님께서 계신 궁궐에 들어왔느냐?" 물어보았다. 승려가 대답했다. "소승과 함께 들어왔던 사람이 오늘 새벽에 도망가 버려서 갈 곳을 몰라 이러고 있습니다."

내관은 일단 승려를 묶어 두고, 서둘러 이 사실을 중종 임금에게 알렸다. 중종은 정원으로 급히 달려가서, 그 승려를 직접 심문하였다. 승려의 대답은 이랬다.

"소승의 법명은 은수闇修라고 합니다. 일찍이 김해에서 나와 정처 없이 떠돌아 다녔는데, 한 달쯤 전에 다 떨어진 옷을 입고 사람들을 상대로 구걸을 하며 겨우 밥을 먹는 중인 지운智雲을 소림굴에서 만났습니다. 그 후로 서로 헤어지기도 하고 함께 있기도 하다가 이달 17일에 소림굴에서 다시 만나 이틀 밤을 함께 잤습니다. 19일에 지운과 함께 대문 밖집회처에서 술과 밥을 얻어먹고 날이 저물어 창의문으로 들어왔습니다. 지운은 궁성 밖에 당도하자마자 '이 성을 넘어들어가서 할 일이 있는데 내 말대로 하지 않겠는가?' 하였습니다. 넘어 들어가기가 어렵지 않겠느냐고 물었더니 지운이 '내가 삭발하기 전에는 이 성에 여러 번 들어갔지' 하고는, 성 위로 올라가서 긴 새끼줄을 내려뜨렸습니다. 이에 저도 올라가서 수풀 속에서 함께 잤는데, 새벽녘에 내가 곤히 잠든 틈을 타서 걸망과 바리를 모두 훔쳐 가지고 도망가 버렸습니다. 지운이 간 곳을 찾았으나 방향을 몰라 동쪽을 향하여 뒤밟아 보았지만, 끝내 간 곳을 잃어버리고 두리번거리다가 이렇게 잡혔습니다. 지운의 속명은 장소명張小明인데, 일찍이 예조의 나장이었습니다.""

• 《중종실록》 90권, 중종 34년 5월 20일, 〈성을 넘은 죄로 잡힌 중 은수를 국문하다〉
http://sillok.history.go.kr/id/kka_13405020_001

가난해서 이리저리 떠돌아다니며 사람들에게 밥과 술을 얻어먹던 '은수'와 '지운'이라는 두 승려가 궁궐에 들어가서 잠을 자다가 지운이 은수의 물건을 모두 훔쳐서 달아났고, 도둑질당한 승려 은수는 지운을 찾다가 내관에게 발견되어 잡혔다는 사연이었다. 내관에게 들키지만 않았다면 승려 은수는 한동안 궁궐 후원에 숨어서 임금의 복분자를 따 먹고 음식과 술을 훔쳐 먹으며 숨어 지냈을지도 모를 일이다.

우리 조상들은 복분자를 발효시켜 만든 복분자주도 즐겨 먹어 왔다. 복분자 자체는 단맛이 그다지 강하지 않기 때문에 술로 만들 때는 꿀이나 설탕 등의 당분을 많이 넣어서 달콤하게 만든다.

달게, 더 달게

신맛이 함께 나는 야생 딸기에서 단맛만 추려 지금의 딸기로 개량한 것은 서양 사람들이다.

산딸기는 로마 시대부터 약으로 사용되었다. 14세기, 프랑스 국왕 샤를 5세는 자신이 가진 정원과 숲에서 1천2백 그루나 되는 산딸기를 길러 먹었다고 전해진다. 15세기 서유럽의 기독교 성직자들은 책에 색을 넣을 때, 산딸기 즙을 짜내 재료로 사용했다. 산딸기는 또 우울증을 치료하는 약으로 쓰이기도 했다.

16세기부터 딸기는 식물학자들의 연구 대상이 되었고, 농업에서도 딸기에 대한 수요가 늘어났다. 영국 국왕 헨리 8세는 산딸기와 크림을 섞어 먹는 것을 즐겼다.

그러다 1712년, 남미 칠레를 여행하던 프랑스의 식물학자인 아메데 프랑수아 프레지에(Amédée-François Frézier, 1682년 ~1773년)가 칠레에서 자생하던 야생 딸기를 프랑스로 가져왔다. 아메데가 가져온 이 딸기와 유럽의 딸기를 교배시켜, 새로운 딸기 품종을 만드는 작업에 수많은 식물학자들이 뛰어들었다. 그 결실로 우리가 지금 먹는 딸기의 원형이 등장한 것이 1750년대였다. 품종 개량의 결과로 탄생한 딸기는 유럽에서 바다를 건너 북미 지역의 버지니아로 전파되었고, 19세기 초에 이르자 대량 생산되어 시장에서 판매되었다.

야생 산딸기가 지닌 신맛은 모두 없어지고, 원래의 품종보다 훨씬 단맛이 나는 딸기는 금방 수많은 사람들의 입맛을 사로잡았다. 딸기의 달콤한 맛에 반한 사람들은 딸기의 즙을 짜낸 과일 주스나 딸기를 넣은 과일 파이, 딸기를 통째로 갈아 넣고 만든 밀크셰이크나 초콜릿 등 여러 가지의 식품에 들어

맛있는 과일 문화사

딸기 비닐하우스 ©북앤포토

가는 재료로 사용했다.

서양에서 개량된 딸기가 우리나라에 들어온 시점은 대략 20세기 초로 추정된다. 5~6월이 제철이었던 딸기는 20세기 중엽에 이르러 비닐하우스 기술의 개발로 계절에 상관없이 언제든 손쉽게 먹을 수 있게 되었다.

무르지 않는 딸기

이 달콤한 딸기도 토마토와 마찬가지로 유전자 조작을 피

딸기 | 인류의 노력이 만든 빨간 선물

해 가지 못했다. 1990년대부터 유전자 조작 딸기가 나오기 시작했고, 유전자 조작 딸기는 위험하다는 경고 역시 함께 등장했다.

2011년 〈세계식량농업기구(FAO)〉에서는 바닷물고기 넙치의 유전자를 딸기에 이식하여, 새로운 딸기 품종을 만드는 실험을 영국과 캐나다에서 하고 있다는 사실을 공개했다.

영국과 캐나다의 유전자 공학 연구 관련자들은 넙치와 딸기의 유전자를 합성하는 일이 별로 문제될 것이 없다고 주장한다.

우리는 결코 괴상한 생물을 만들어 내는 프랑켄슈타인이 아니다. 넙치는 추위에 잘 견디는 물고기다. 그런 넙치에서 추위에 강한 유전자만 따로 추출하여, 딸기에 이식하는 것이다. 딸기는 겨울이 되면 쉽게 얼어 죽어 버려, 사람들이 딸기를 잘 먹지 못한다. 그래서 우리는 넙치의 유전자를 딸기의 유전자에 합성하여, 겨울의 추위를 보다 잘 견디는 새로운 딸기 품종을 만들어서, 더 많은 사람들이 딸기를 오랫동안 두고 먹을 수 있도록 돕는 봉사 활동을 하는 것이다.

그리고 유전자 조작이 뭐가 나쁜가? 어차피 지금 먹는 딸기들도 신대륙의 야생 산딸기와 유럽의 딸기를 인류가 일부러

맛있는 과일 문화사

교배하여 만들어 낸 품종인데, 그 역시 유전자 조작이 아닌 가? 그러니 넙치와 딸기의 유전자를 합성한다고 해서 너무 호들갑을 떨 필요는 없다.

하지만 이에 반대하는 사람들의 목소리도 만만치 않다.

신대륙과 유럽 딸기의 품종 개량과 넙치와 딸기의 유전자를 섞는 일을 똑같이 취급하지 마라! 품종 개량은 어디까지나 같은 종이라는 테두리 안에서 벌어진 일이었지, 결코 당신 들이 하는 것처럼 넙치와 딸기라는 완전히 다른 종에 속하 는 생물들의 유전자를 합성하는 일은 아니었다. 그것은 자 연의 질서를 인간의 손으로 파괴하는 만행이다. 소의 뇌에 구멍이 뚫려 죽고, 그 소고기를 먹은 사람도 똑같은 증상을 앓다가 죽는 광우병이 왜 나타났는가? 초식동물인 소한테 같은 소의 고기를 사료로 먹이는 자연 파괴적인 일을 하다 가 그렇게 되지 않았는가?

마찬가지로 만약 넙치와 딸기의 유전자를 모아 조작한 딸기 가 시중에 출시된다면, 그 딸기를 먹고 사람들이 무슨 병에 걸릴지 어떻게 알겠는가? 아직까지 광우병에 걸린 사람들을 치료하는 약도 개발되지 않아서, 일단 광우병에 걸린다면 그 사람은 꼼짝없이 죽을 수밖에 없다. 그렇다면 넙치와 딸기의 유전자를 합성한 딸기를 먹고 제2의 광우병에 걸려 죽을 수도 있지 않겠는가? *

유전자 조작 딸기를 두고 벌어지는 논쟁들은 아직 확실한 결론이 나지 않았다. 그 결과가 어떨지 알 수 없는 건 유전자 조작 토마토와 마찬가지다. 기업과 과학자들이 좀 더 신중하게 접근하면 좋겠다.

넙치에서 추출한 유전자를 넣어 만든 딸기가 아니라고 해도, 상품성이 높은 방향으로 개량된 딸기는 이미 흔하게 볼 수 있다. 붉은 색이 확실하지 않아도, 군데군데 무른 부분이 있다 해도, 한겨울에는 딸기를 먹을 수 없다 해도, 차라리 인류에게 안전하다고 검증된 그런 딸기를 먹는 게 낫지 않을까 싶다.

---

* http://www.ohmynews.com/nws_web/view/at_pg.aspx?CNTN_CD=A0001754251
http://www.snunews.com/news/articleView.html?idxno=2362
http://m.blog.daum.net/lmoman/53
http://media.daum.net/life/health/wellness/newsview?newsld=20130531134017894

9장

바나나

세계 사람들이
가장 많이 먹는
과일

지금은 하도 흔해빠진 과일이라서 누가 사 와도 별로 고맙
지 않게 느껴지지만, 1980년대까지만 해도 바나나는 귀한 선
물용으로 쓰일 만큼 값비싸고 귀중한 과일이었다. 전 세계 과
일 생산 및 교역 물량에서 1위인 바나나는 세계 인구 1인당
소비량이 거의 14킬로그램에 달한다. 바나나는 어떻게 이렇게
널리 퍼지게 된 것일까? 조금은 아프기도 한 바나나 이야기를
시작해 보자.

전쟁과 함께, 대항해시대를 거쳐
세계로 세계로

　바나나의 원산지는 동남아시아 지역으로 추정되고 있다. 식

동남아시아의 바나나 농민　　　　　　　　　©북앤포토

물학자들에 따르면 대략 기원전 8000년에서 5000년 사이, 동
남아시아에서 최초의 바나나가 재배되었으며 이것이 동남아
원주민들의 해상 이동과 함께 파푸아뉴기니와 동부 아프리카
의 마다가스카르 섬으로 전파되었다고 보고 있다. 동남아 원
주민들이 바다를 타고 다른 지역으로 이민을 갔다는 말이 잘
이해가 안 될지도 모르나, 실제로 마다가스카르 섬에는 동양
인처럼 보이는 사람들이 많이 살고 있다. 아득한 옛날 동남아
지역 원주민들이 배를 타고 마다가스카르 섬에 이주하여 남긴
후손들이라고 한다.

그 옛날 바나나는 지금 우리가 먹는 바나나와는 많이 달랐다. 현재 우리가 먹는 바나나는 씨가 없어서 먹기에 편하지만, 원래의 바나나는 속에 씨가 가득 찬 형태여서 먹기가 몹시 불편했다고 한다. 지금의 씨 없는 바나나는 동남아 원주민들이 끝없이 바나나 품종을 개량한 덕분에 만들어졌다.

바나나가 서아시아 지역으로 전파된 것은 650년, 아라비아 반도와 동아프리카를 오가던 아랍 상인들에 의해서였다. 10세기에 이르자 바나나는 팔레스타인과 이집트에서 일상적인 과일로 재배되었는데, 아직 유럽에는 전해지기 전이었다.

이는 두 지역 간의 영향력 차이에서 비롯되었다. 10세기까지 유럽은 세계 문명의 중심이 아닌, 변방의 고립된 지역이었다. '중세의 암흑시대'가 계속되면서, 유럽의 문명은 전반적으로 크게 퇴보하였다. 북쪽의 바이킹과 동쪽의 마자르족들이 계속 침략해 왔고, 무역과 교류는 줄었다. 사람들은 마을 바깥에 용 같은 괴물들이 산다고 믿을 만큼 미신을 신봉했다. 화폐의 유통도 제대로 되지 않았고, 곳곳에 성과 요새 같은 군사기지들이 난립했다. 그러면서 폭력이 일상을 지배했다. 학문과 예술은 기독교 교회에서 허락한 아주 제한적인 범위 내의 것들만 살아남아 수도원 안에만 존재했고, 인구의 절대다수가 문맹일 만큼 문화 수준도 바닥이었다.

맛있는 과일 문화사

반면 이슬람 제국의 중심부인 아랍은 7세기부터 서로는 스페인, 동으로는 파키스탄에 이르는 방대한 지역을 지배하면서, 다른 문명권과 수많은 교류를 거치며 경제와 문화가 급속히 발전했다. 아랍의 상인들은 아프리카와 페르시아, 인도와 동남아, 중국에 이르는 무역로를 장악해 수많은 물건들을 아랍과 다른 지역으로 실어 날랐다. 심지어 유라시아 대륙의 동쪽 끝에 위치한 한반도에도 아랍 상인들의 발걸음이 닿았다. 그 발걸음은 통일신라에까지 이를 정도였다.

신라는 황금이 무척 많아서, 개의 목걸이도 황금으로 만든다. 신라는 공기가 맑고 병이 없어서 이곳에 정착한 아랍인들은 신라를 너무나 좋아하여, 고향으로 돌아가지 않고 신라에 남아 정착하려고 한다. 신라인들은 세계에서 가장 아름다운 외모를 가지고 있다.

구한말, 이 땅에 들어온 서양인들이 조선인을 가리켜 "지저분하고 게으르고 가난하며 어리석은 족속들, 저들은 독립된 나라를 가질 자격이 없으니 차라리 발전된 선진국인 일본에 합병되는 편이 낫다."는 식으로 폄하와 모멸을 일삼았던 것에 비하면 너무나 대조적인 일이다. 신라 시대의 사람들이 구한말의 사람들보다 더 부자이거나 깨끗하거나 잘생겨서 그런 것은 아닐 텐데, 참으로 이상한 일이다.

이슬람권에서 재배되던 바나나는 북아프리카와 스페인으로 전파되었다. 10세기에는 스페인도 이슬람 세력의 지배를 받고 있던 이슬람 문화권이어서 가능한 일이었다. 스페인은 8세기에 북아프리카를 거쳐 쳐들어온 아랍인들에게 정복당한 후, 거의 7백 년 동안 이슬람 세력의 지배를 받으며 이슬람 문화권에 속해 있었다. 물론 스페인 전체가 지배를 받은 건 아니고, 스페인의 북부 산악 지역은 기독교 왕국들이 들어서 있었다. 이들이 훗날 힘을 길러 아랍인들에게 빼앗긴 국토를 다시 되찾자는 레콩키스타(재정복) 전쟁을 펼쳐 끝내 이슬람 세력을 몰아내고 스페인을 기독교 국가로 통일했다. 이슬람의 주요 도시였던 그라나다에서 바나나는 최고의 진미로 평가받았다. 낮에는 금식하고 밤이면 먹을 수 있는 라마단 기간 40일 동안, 바나나를 특히 많이 먹었다고 한다. 바나나는 에너지를 대부분 전분 형태로 저장하는 과일이다. 맛도 맛이지만 부담 없는 포만감을 주는 식품으로 바나나만 한 것도 없었기 때문일 것이다.

11세기 말, 십자군전쟁이 시작되었고, 유럽에서 서아시아로 십자군이 쳐들어간다. 십자군은 기독교의 성지인 예루살렘이

십자군전쟁   ©wikipedia

이교도인 이슬람의 지배하에 있다는 사실을 부끄럽게 여겨, 예루살렘을 다시 기독교 도시로 만들겠다는 명분으로 전쟁을 선포했다. 물론 십자군전쟁이 순수한 신앙심만으로 시작된 것은 아니었다. 봉건영주와 하급 기사들은 새로운 영토를 찾겠다는 욕망으로, 상인들은 새로운 거래처를 찾겠다는 목표로,

농민들은 봉건사회의 중압에서 벗어나겠다는 희망으로 부풀어 있었다. 여러 가지 동기들이 신앙적 광기와 결합해 빚어진 결과가 십자군전쟁이다.

십자군은 처음엔 나름대로 큰 성과를 거두었는데, 가는 곳마다 이슬람 세력을 격파하면서 마침내 예루살렘을 탈환하는 데 성공했다. 강력한 군사력 덕분이었다. 십자군의 주축을 이룬 유럽의 군인 계급, 즉 기사들은 사람의 키보다 더 큰 말에 올라타 적을 향해 전속력으로 돌격하는 전술을 구사했다. 이런 전술은 가볍게 무장한 보병들이 주축을 이룬 이슬람 군사들에게는 몹시 두려운 것이었다. 십자군 원정이 시작될 때 이슬람 세력이 갈가리 분열되어 효과적으로 대응하지 못한 것도 십자군의 초기 성공에 기여했다.

그렇게 예루살렘과 그 주변의 해안 지역을 점령한 십자군은 예루살렘 왕국이나 안티옥 공국, 트리폴리 백국 등 여러 개의 나라를 세워서 약 1백 년 동안 서아시아의 일부를 지배했다. 그 과정에서 십자군은 유럽보다 더 발달된 문명을 지닌 이슬람 문화와 접촉을 하게 되었고, 바나나도 알게 되었다. 과일이라고 하면 사과나 포도 정도밖에 몰랐던 십자군에게 바나나는 경이로운 과일이었다.

십자군의 전성기는 1세기 만에 막을 내렸다. 1189년 이집트의 강력한 군주인 살라딘이 서아시아의 이슬람 세력 대부분을 통일하였고, 곧바로 십자군이 차지하고 있는 도시들을 공격하여 빼앗았다. 십자군 세력은 겨우 해안가의 몇몇 도시들만 남아 명맥만 유지하다가, 1291년 이집트의 맘루크 왕조가 막강한 군대를 보내 십자군 최후의 보루인 아크레마저 점령하면서 유럽 본토나 지금의 터키 남부 키프로스 섬까지 밀려나고 말았다.

십자군이 쫓겨나면서 키프로스 섬으로 가지고 간 선물이 바로 바나나다. 1458년 키프로스 섬을 방문한 이탈리아 작가인 가브리엘 카포딜리스타는 섬 곳곳에서 자라는 바나나 농장 풍경을 기록으로 남겼다.

십자군의 실패로 한동안 주춤했던 유럽인들은 15세기가 되자, 다시 외부 세계로의 탐험과 정복에 나선다. 대항해시대가 열린 것이다. 이를 주도한 유럽 국가는 포르투갈이었다. 유럽의 서남부 끝에 위치한 작은 나라인 포르투갈이 대항해시대를 이끌어 갈 수 있었던 까닭은 이렇다. 포르투갈은 인구가 적고 국력도 약하기 때문에 유럽 본토의 패권을 놓고 벌이는 싸움에 끼어들 여지가 없었다. 그 대신 포르투갈은 국력을 모두 바다로 쏟아 외부 세계를 상대로 하는 탐험과 무역과 정복에 사활을 걸었다. 그러다 보니 유럽의 지리적 팽창인 대항해시대의 선두주자가 될 수 있었다. 포르투갈의 국력이 최전성기에 달했던 16세기가 되자 브라질과 아프리카, 인도와 동남아, 일본까지 연결하는 거대한 해상 무역로를 포르투갈이 모두 장악하게 되었으며, 막대한 부를 쌓아올렸다.

그 과정에서 포르투갈은 서부 아프리카에서 바나나를 발견했고, 새로 개척한 식민지인 브라질로 가져가 대규모로 재배하면서 카리브해와 대서양 제도로 전파하였다. 그 덕분에 바나나는 신대륙에 널리 퍼졌는데, 온두라스와 과테말라 같은 중앙아메리카 지역이 바나나 재배에 알맞은 기후를 지니고 있

어서 바나나 농장이 폭발적으로 늘었다. 바나나 농장에서 일하는 노동력은 포르투갈인들이 아프리카에서 데려온 흑인 노예들이 도맡았다.

한 가지 이상한 일은 유럽인들이 키프로스나 신대륙 같은 주변부에서 바나나를 재배하는 일에는 익숙했으면서, 정작 유럽 본토에는 바나나가 매우 늦게 전파되었다는 사실이다. 포르투갈의 뒤를 이어 전 세계적인 해상 무역로를 장악했던 영국도 19세기 무렵, 빅토리아여왕 시대에나 바나나를 들여왔다. 빅토리아여왕과 같은 시대를 살았던 프랑스의 소설가, 쥘

베른이 쓴 소설 《80일간의 세계 일주》에 바나나에 대한 상세한 묘사가 나오는 것으로 보아, 그때까지 유럽인들에게 바나나는 꽤 낯선 과일이었던 것 같다.

미국인들이 본격적으로 바나나를 먹기 시작한 것은 1880년대였다. 미국의 과일 회사들은 중남미의 과일 농장들을 사들이고, 그곳에서 재배한 바나나를 미국과 다른 지역으로 팔면서 막대한 이득을 챙겼다. 그 과정에서 〈유나이티드프루트〉사 같은 과일 회사들은 과일에서 번 돈으로 중남미의 정치에 개입하기도 했다.

동양에 바나나가 전해진 것은 19세기 말 혹은 20세기 초였다. 낯선 과일이라 그런지, 바나나를 처음 접한 사람들은 껍질을 벗기고 먹는 건지 벗기지 않고 먹는 것인지를 두고 고민하기도 했다. 20세기 초, 중국의 어느 군벌은 누가 바나나를 선물하자 껍질째 먹어 버리기도 했다.

한국에 바나나가 소개된 시점은 대략 해방 이후부터였다. 한동안 바나나는 값이 매우 비싼 과일이어서, 보통 사람들은 좀처럼 먹어 볼 엄두조차 못 냈다. 1990년대부터 바나나를 대규모로 수입하면서 값이 낮아졌고, 보통 사람들도 쉽게 바나나를 먹을 수 있게 되었다.

부드럽고 달콤한 맛을 내는 바나나의 이면에는 어두운 모습도 있다. 〈유나이티드프루트〉사로 대표되는 거대 기업들이 더 싸고, 더 많은 바나나의 생산을 위해서, 바나나 재배 농부들의 임금을 낮게 매기며 그들의 노동 환경과 처우를 매우 열악한 상황에 빠뜨리고 있다는 점이다. 쿠바 혁명의 주역인 체게바라는 젊은 시절, 〈유나이티드프루트〉사가 소유한 과일 농장에서 일하는 원주민 노동자들이 가혹한 착취에 시달리고 있는 모습을 보고는 자본주의에 맞서는 혁명을 결심하게 되었다고도 전한다.

'바나나공화국'이란 말을 들어 보았을 것이다. 부패도 심각하고 정치도 불안한 나라들이 경제까지 해외에 심각하게 의존하고 있어, 글로벌기업의 이해관계에 민감한 나라들을 얕잡아 일컫는 말이다. 엘살바도르, 니카라과, 과테말라, 온두라스 같은 중남미 국가들이 대표적이다. 국가를 책임져야 할 정치권이 자신들의 이익만 생각해 국가 기반시설의 통제권을 미국 기업에 넘긴 결과로 얻은 명예롭지 못한 이름이다. 이 나라 정부 재정은 대기업이 바나나 값을 올리느냐 내리느냐에 따라 오락가락할 수밖에 없다. 정작 바나나를 애써 키우는 사람들은 바나나에서 이득을 별로 얻지 못하는 셈이다.

바나나에 얽힌 불편한 진실은 또 있다. 바나나는 특히 당도가 높은 과일이라 벌레가 많이 꼬인다. 농장에서 대규모로 재배하려면 살충제와 농약을 많이 쳐야 한다. 그리고 한 곳에서 하나의 작물만 오랫동안 재배하면 땅의 양분이 쇠약해지는데, 이를 막기 위해서 화학비료를 대규모로 뿌려야 한다. 그러다 보니 바나나 농장 주변의 땅과 물에는 엄청난 양의 살충제와 농약, 화학비료들이 흘러들어가서 자연환경이 크게 오염된다.

가장 큰 문제는 하루 종일 바나나 농장에서 일하면서 온갖 농약과 살충제를 맨몸으로 맞아야 하는 노동자들의 건강이다. 코와 입 등 호흡기를 통해 농약과 살충제 등을 흡입하게 되니 피부와 호흡기 질환을 앓다가 쓰러지는 경우도 있다. 바나나 농장에서 일하는 여성 노동자들은 농약과 살충제 중독 때문에 기형아를 낳기도 한다. 미국의 대규모 바나나 재배 기업인 〈돌〉사가 보유한 바나나 농장에 드나드는 아이들도 그런 중독 현상에 시달리며 온갖 피부병을 앓기도 한다. 결정적으로 바나나 농장에서 일하는 노동자들의 하루 임금은 고작 1달러 안팎에 불과하여, 사실상 최저 생계비로 겨우겨우 살아가고 있다.

이런 비참한 바나나 노동자들의 현실을 바꿔 보자고 나온

사회 운동이 바로 공정 무역이다. 공정 무역이 벌어지게 된 것은 어느 필리핀 여성 노동자가 일본의 시민 단체들에 보낸 한 통의 편지 때문이었다.

"바나나 값이 왜 이렇게 싼 줄 아느냐? 그건 우리가 받는 임금이 너무 낮아서다. 낮은 임금으로 재배되는 바나나를 싼 값에 먹으니 당신들은 좋겠지만, 우리들은 굶어 죽을 지경이다."라고 호소한 내용이 발단이 되어서, 정당한 값을 주고 바나나를 사 먹자는 공정 무역 운동이 벌어지게 되었다. 공정 무역은 노동자들의 임금을 올려 주고 무리한 농약과 살충제 등을 맞지 않고 친환경적인 농법으로 바나나를 재배할 수 있게 해 주었다.

현재 바나나 농업 종사자들을 가장 떨게 만드는 것은 '파나마 병'이다. 2010년부터 바나나 종자들을 모조리 말라 죽게 하는 '파나마 병'이라는 곰팡이가 호주와 동남아 등지의 바나나 농장들에 급속도로 전염되고 있기 때문이다. 파나마 병은 흙을 통해 감염되기 때문에 전염성이 매우 강한데다가, 이 병을 치료할 약품도 개발되어 있지 않기에 일단 감염되면 바나

---

* 오마이뉴스, http://www.ohmynews.com/NWS_Web/view/at_pg.aspx?CNTN_CD=A0000318573

바나나 | 세계 사람들이 가장 많이 먹는 과일

나는 모조리 전멸이다. 파나마 병을 일으키는 푸사리움 곰팡이에 강한 유전자 변형 바나나를 개발했다는 소식이 들리기는 하나, 토마토, 딸기와 마찬가지로 바나나 또한 좀 더 조심스럽게 접근하였으면 좋겠다.

현재 전 세계 바나나 품종들의 거의 대부분 캐번

파나마 병에 걸린 바나나에 대해 설명하는 농민
©연합뉴스

디시 품종인데, 이 캐번디시는 파나마 병에 매우 취약하다. 최악의 경우, 캐번디시 품종의 바나나 종자들이 모조리 파나마 병에 감염되기라도 한다면 앞으로 바나나라는 작물 자체가 완전히 멸종될지도 모른다는 사실은 충격적이다.

그나마 아직까지 전 세계 바나나 생산량의 75퍼센트를 차지하는 중남미에는 파나마 병이 크게 번지지 않았으나, 만약 중남미에 파나마 병이 급속도로 확산된다면 사태가 걷잡을 수 없이 커진다는 것이 바나나 연구 관련자들의 견해다.

파나마 병이 주는 피해는 단순히 바나나 종자의 죽음에만 그치지 않는다. 바나나 종자들이 파나마 병에 감염되어 말라 죽으면, 더 이상 바나나를 재배할 수 없으므로 여태까지 바나나 농장에서 일하던 노동자들은 모두 일자리를 잃고 해고될 위기에 놓인다. 실제로 동남아와 호주의 바나나 농장에서 파나마 병이 퍼져 말라 죽자, 바나나 농장은 문을 닫고 일하던 노동자들도 모조리 해고되는 일들이 비일비재했다.

만약 중남미의 바나나 농장들에 파나마 병이 확산된다면 바나나를 재배하던 노동자들 역시 동남아와 호주의 바나나 농장에서 일하던 노동자들처럼 일자리를 잃고 해고될 것이 뻔하다. 그럴 경우, 바나나 재배에 국가 경제의 대부분을 의지해 온 중남미의 작은 나라들은 경제적으로 엄청난 타격을 입고 말 것이다. 에효~, 바나나 하나를 먹을 때도 생각해야 할 게 이렇게나 많다.

10장

파인애플

모든 과일의
왕

샛노란 과육에서 풍기는 향긋한 냄새, 거기에 한 입 베어 물면 잔뜩 흘러나오는 달콤한 맛. 파인애플도 바나나와 마찬가지로 뭔가 고급스럽고 아무나 먹을 수 없는 과일이었다. 완전히 익은 뒤에는 먼 거리를 이동하는 것이 쉽지 않아서 우리가 먹는 파인애플은 사실 가장 당이 높은 상태 파인애플의 절반에도 못 미친다. 완전히 익은 파인애플은 생산 현지가 아니면 사실 먹어 보기 힘들다. 우리가 대개 통조림 형태의 파인애플을 먹게 된 것은 그 때문인데, 그나마 요즘은 운송이 예전보다는 좋아져서 예전보다는 먹기가 수월해졌다. 이번에는 파인애플이 어떻게 인류의 식탁에 올라서 우리에게까지 오게 됐는지 살펴보자.

파인애플 역시, 신대륙이 인류에게 준 선물이었다. 파인애플은 현재 중남미의 브라질과 파라과이 지역이 원산지였고, 그곳의 원주민들은 중남미 대륙에 파인애플을 넓게 퍼뜨렸다. 그리하여 파인애플은 현재 멕시코 지역인 아스텍과 마야 및 카리브해까지 널리 전파될 수 있었다.

그러던 와중인 1493년, 카리브해를 방문한 탐험가 콜럼버스가 파인애플을 보고는 "이것은 '인도의 소나무pine of the Indians'가 아닌가?" 오해하고는 '피나 드 인데스pina de Indes'라는 이름을 붙이고, 스페인으로 돌아갈 때 함께 가져갔다. 이렇게 건너온 과일이 발음이 변하면서 '파인애플'로 굳어진 것이다.

파인애플은 그 이전까지 유럽인들이 먹던 다른 과일들보다 단맛이 훨씬 강렬해 "모든 과일의 왕"이라 불리기도 했다. 한 예로 스페인의 탐험가인 곤잘로 페르난데즈 데 오비에도(Gonzalo Fernandez de Oviedo, 1478년~1557년)는 1514년 파나마를 방문했을 때, 과야바와 마메이와 비파와 파인애플을 차례로 맛보고는 이렇게 말했다.

유럽에서 먹던 사과보다 이곳 신대륙에서 자라는 과야바가 더 맛있었다. 그리고 마메이를 먹었을 때, 과야바보다 더 낫다고 생각했다. 하지만 비파를 맛보니, 어떤 과일도 비파와 비교될 수 없다고 느꼈다. 마지막으로 파인애플의 껍질을 벗기고 그 달콤한 과육을 입에 넣자, 이것이야말로 모든 과일들의 왕이라고 깨달았다.

그리고 16세기에 걸쳐 중남미 대륙의 대부분을 정복한 스페인인들은 파인애플을 맛보고, 그 맛에 반해서 짐바브웨와 괌, 필리핀, 하와이 등 다른 지역으로 파인애플을 가져가서 널리 전파했다. 한편 중남미에서 유일하게 포르투갈의 식민지였던 브라질은 1550년 포르투갈에서 가져온 파인애플을 인도에 전하게 된다. 중남미 전체에서 브라질만 포르투갈의 식민지였던 것은 토르데시야스 조약 때문이다. 1494년 6월 6일, 로마 교황 알렉산데르 6세를 중재인으로 스페인과 포르투갈이 맺은 이 조약에 의해 브라질은 포르투갈의 식민지로 하되, 나머지 중남미의 모든 지역은 전부 스페인이 차지하게 되었다. 그래서 브라질은 약 3백 년 동안 포르투갈의 식민지로, 나머지 중남미 지역은 스페인의 식민지로 지냈다. 그래서 지금도 중남미에서 브라질만 포르투갈어를 쓰고, 나머지 중남미 지역인 멕시코와 아르헨티나와 칠레와 베네수엘라 등은 모두 스페인어를 쓰는 것이다.

한편 1581년, 스페인의 식민지에서 독립한 네덜란드는 곧바로 해외 식민지 개척에 나서서 세계 각지의 바다를 누비며 남미와 아프리카, 동남아 곳곳에 무역 거점과 식민지를 만들었다. 현재 브라질 북쪽의 수리남은 네덜란드가 독립한 해인 1581년에 곧바로 네덜란드의 식민지가 되었다. 16세기에서 17세기 말까지 약 1세기 동안 네덜란드는 세계의 바다를 장악했던 해상 강대국이었고, 수리남은 네덜란드의 중남미 무역 거점이 되었다. 수리남을 식민지로 삼은 네덜란드는 현지에서 흑인 노예들의 노동력을 이용하여 파인애플을 대규모로 재배했고, 그렇게 키운 파인애플을 1658년 네덜란드로 가져와서 미르부르그Meerburg에 위치한 피터 드 라Pieter de la 법원에서 재배하기도 했다.

네덜란드와 해상 무역권을 놓고 다투던 영국에도 뒤늦게 파인애플이 전파되어, 1723년 잉글랜드 첼시의 정원에서 파인애플이 재배되었다.

프랑스에서는 국왕 루이 15세가 1733년 베르사유 궁전에서 열린 성대한 만찬에서 파인애플을 내놓고, 직접 맛을 보기도 했다. 베르사유 궁전은 프랑스가 유럽과 세계를 지배하는 초강대국이 되길 바랐던 루이 14세의 야심에 따라 건설된 궁전인데, 막대한 부와 예술을 과시하려는 전시장이었다. 그러나 루이 14세도, 그 손자 루이 15세도 그 야심을 실현하지는 못했다. 루이 15세가 파인애플이 포함된 호화스러운 연회를 베르사유 궁전에서 베풀었다는 소식을 들은 많은 프랑스 백성들은 크게 분노했는데, 당시 프랑스에서 파인애플은 값이 매우 비싸고 운반이 어려워서 부유한 왕족이나 귀족들만 먹을 수 있는 사치스러운 과일이었기 때문이다. 박근혜 정부의 청와대에서 샥스핀, 송로버섯을 내놓았다는 소식을 듣고 국민들이 분노했던 2016년의 상황을 생각하면 비교가 쉬울 것이다. 루이 15세가 죽고 난 뒤, 루이 16세 때 프랑스 왕실은 마침내 1783년 일어난 프랑스 혁명의 소용돌이에 휩쓸려 왕과 왕비가 모두 단두대로 끌려가 목이 잘려 죽는 참변을 당하며 몰락하고 만다.

20세기로 접어들면서 파인애플은 하와이에서도 널리 재배되기 시작했다. 미국인 존 키드웰John Kidwell은 최초로 하와이 파인애플 재배를 대규모로 벌였는데 〈돌〉사와 〈델몬트〉사도 참여했다. 1900년에 이르러 〈돌〉사에 의해 하와이에서는 대기업이 주도하는 파인애플 재배 산업이 본격적으로 시작되었다. 햇볕이 많이 쬐고 따뜻한 하와이의 날씨는 파인애플 재배에

안성맞춤이어서, 파인애플은 금세 하와이 경제를 떠받치는 주요 산업으로 떠올랐다. 더욱이 하와이에서 재배되는 파인애플은 값도 싸고 풍부한 맛까지 갖추어서, 미국과 해외 각지에서 큰 호평을 받았고, 그에 따라 하와이 파인애플의 수요는 늘어만 갔다. 그러자 파인애플 농장에 들어갈 노동력이 많이 필요해졌다.

그때 조선의 노동자들이 대안으로 떠올랐다. 당시 조선은 무척 가난한 나라였기 때문에, 1902년 미국 〈돌〉사가 내건 하와이 파인애플 농장의 취업 광고를 보고 노동 이민을 떠나는 노동자들이 생겨났다.

파인애플 농장에서 일하게 된 조선인 노동자들은 여러 가지로 큰 고초를 겪었다. 파인애플이라는 과일은 감이나 배 같은 과일들과는 달리, 날카로운 가시가 돋아 있어서 손과 발이 이리저리 베이고 찔리는 일들이 많았다. 또한 파인애플은 높은 나무 위에 달리는 과일이 아니라, 낮은 땅 위에 열매가 열리는 과일이라서 하루 종일 땅에 허리를 숙이고 일을 해야 해서 허리 통증이 몹시 심했다.

파인애플 농장에서 조선인 노동자들을 부리는 백인 감독들의 인종차별도 큰 어려움이었다. 20세기 초까지 인종차별은 미국과 유럽 등 서구 사회에서 공공연하게 벌어지던 일이었다.

하와이의 조선인 노동자   ©머니투데이

당시에는 서구 사회 전반에 '백인이 다른 인종들보다 우수하고, 백인이 아닌 인종들은 모두 미개한 야만인'이라는 백인우월주의가 매우 강했기 때문에, 백인 감독들은 걸핏하면 채찍질을 일삼으며 조선인 노동자들을 때리거나 학대했다. 조선이 일본에 망한 1910년 이후 하와이의 백인 교사들은 조선인 노동자들의 자녀인 조선인들을 상대로 "조선은 아시아의 보잘것없는 야만 국가인데 일본은 그런 조선을 발전시키기 위해 피땀 흘려 노력을 했다. 조선이 망한 일은 문명의 진보를 위해

매우 당연한 일이다. 그러니 너희 조선인들은 일본에 감사해야 한다."라는 식의 발언들을 자주 하여 조선인들로부터 분노를 사기도 했다.

조선인 노동자들을 괴롭히는 대상은 또 하나 있었는데, 조선인들보다 먼저 이민을 와서 하와이의 터줏대감으로 자리 잡은 일본인들이었다. 그들은 조선인들을 자신들보다 못한 족속으로 여기고 매사에 조선인들을 핍박했다.

이러한 어려움 속에서도 조선인 노동자들은 열심히 일하면 새로운 삶의 터전을 꾸려 나갈 수 있다는 희망을 품고 파인애플 농장에서 땀을 흘렸다. 그들은 하와이를 제2의 고향으로 여겼다. 당시 조선이 일본에 국권을 점차 침탈당하던 와중이라 조선 국내는 정치와 경제 등 각 분야들이 매우 혼란스럽고 어려웠으나, 하와이는 상대적으로 형편이 나았기에 삶의 터전을 옮겨서 새로운 인생을 살려던 사람들도 꽤 많았던 것이다.

그렇다고 그들이 조선인이라는 민족적 정체성 자체를 버리지는 않았다. 몸은 하와이에 있어도 자신을 조선인이라고 여겼으며, 당산나무와 비슷한 샌달우드 나무를 조선인 공동체의 상징으로 여겼다.

파인애플 농장에서 일하는 조선인 노동자들은 조선인 여자와 결혼하기 위해 좀 특별한 과정을 거쳤다. 먼저 조선에 노동자의 사진을 보내서 여자가 사진을 보고 하와이에 오면 결혼을 하는 이른바 '사진 결혼' 방식이었다. 하와이에 온 조선인 여자들은 남편들을 도와 파인애플 농장에서 힘든 일을 했고, 아이를 낳으면 수입의 대부분을 교육비에 지출할 정도로 자녀 교육에도 열을 올렸다.

1910년 조선이 일제에 주권을 잃자, 하와이의 조선인 사회는 큰 충격을 받았다. 교포들은 독립운동에도 열을 올렸다. 이때 하와이의 조선인 교포 사회에 등장한 두 인물이 있는데, 한 명은 이승만이고 다른 한 명은 박용만이었다. 박용만은 이승만과 대립을 하다가 권력을 잃고 몰락하는 바람에 한국 사

이승만(왼쪽)과 박용만　　　　©wikipedia

회에 잘 알려지지는 않았다. 이승만은 조선이 독립하려면 미국이나 유럽 같은 다른 강대국들의 도움을 얻는 이른바 '외교 독립론'을 내세웠다. 반면 박용만은 조선인들이 군사력을 길러 일본을 물리쳐야 한다며, 하와이의 조선인 교민들로 구성된 〈대조선국민군단〉을 만들었다. 이승만과 박용만의 대립 때문에 하와이의 조선인 사회는 둘로 갈라져 극심한 분열과 갈등을 벌였고, 그에 따라 독립 운동도 큰 차질을 빚었다.

여하튼 하와이의 조선인 노동자들은 파인애플 농장에서 힘들게 일해서 모은 돈을 독립운동 모금에 보탰다. 파인애플이라는 과일에는 이렇게 우리 선조들의 피와 눈물이 서려 있다.

달콤하지 않은 현실

파인애플은 매우 유용한 식재료다. 날것으로 그대로 먹기도 하고, 통조림을 만들어 손쉽게 샐러드로 먹기도 하는가 하면, 과즙을 내어 고기의 누린내를 잡는 데 쓰이기도 하고, 고기와 함께 굽거나 아니면 과일주스나 요거트에 넣고 먹기도 한다. 참으로 다양하게 쓰이는 셈이다.

하지만 맛있는 파인애플의 이면에는 어두운 모습도 도사리고 있다. 현재 전 세계에서 파인애플을 가장 많이 재배하는 나라는 코스타리카인데, 파인애플의 달콤한 맛에 끌리는 해충들을 죽이기 위해서 파인애플 농장의 1헥타르당 20킬로그램이나 되는 농약을 사용한다. 일부 환경 단체에서는 파인애플을 재배하는 데 들어가는 농약들이 현지의 강과 호수 등으로 흘러들어가 식수가 오염되고, 아울러 농약투성이나 다름없는 파인애플을 먹는 사람들도 암에 걸릴 확률이 높아진다고 경고한다. 기형아를 낳을 우려도 크다고 한다.

또한 파인애플은 대량으로 재배되기 때문에 값이 싸지만, 그만큼 농부들이 제대로 된 임금을 받지 못하고 있는 현실도 문제다. 아울러 파인애플은 현재 세계 각지에서 지나치게 많이 재배되고 있어서, 부가가치가 낮다는 점도 지적되고 있다. 쉽게 말하면 애써 파인애플을 키워 봐야 당사자인 농부들에게 돌아오는 수익이 얼마 안 된다는 것이다.

파인애플의 달콤한 맛을 즐길 때, 파인애플을 둘러싼 또다른 진실 또한 들여다볼 수 있어야겠다.

1. 《거대 기업 스토리》, 박태우 외 지음, 김영사

2. 《게이 레즈비언부터 조지 부시까지》, 박영배 신난향 지음, 이채

3. 《공정 무역, 세상을 바꾸는 아름다운 거래》, 박창순 육정희 지음, 시대의창

4. 《공정 무역의 힘》, 한국공정무역연합 지음, Fair Trade Advocacy Office 번역, 시대의창

5. 《공정한 무역, 가능한 일인가?》, 데이비드 랜섬 지음, 장윤정 번역, 이후

6. 《공정 무역이란 무엇인가》, 키스 브라운 지음, 이은숙 번역, 김영사

7. 《국역 조선왕조실록》, 한국고전번역

8. 《그리스 신화의 세계 2》, 유재원 지음, 현대문학북스

9. 《기재잡기》, 박동량 지음, 한국고전번역원

10. 《난중일기》, 이순신 지음, 노승석 옮김, 민음사

11. 《대당신어》, 유숙 지음 《중국을 말한다》 10권, 김춘택 옮김, 신원문화사

12. 〈대완열전〉, 《사기열전》 4권, 임동석 옮김, 중대문화사

13. 《도문대작》, 허균 지음, 한국고전번역원

14. 《맬컴 X vs. 마틴 루터 킹》, 제임스 H. 콘 지음, 정철수 옮김, 갑인공방(갑인미디어)

15.《맹꽁이 서당》, 윤승운 지음, 웅진주니어

16.《목은집》, 이색 지음, 한국고전번역원

17.《미국, 야만과 문명의 두 얼굴》, 박영배 지음, 이채

18.《박물지》, 장화 지음, 임동석 옮김, 고즈윈

19.《불의 기억 1》, 에두아르도 갈레아노 지음, 박병규 옮김, 따님

20.《사기열전》, 사마천 지음, 임동석 옮김, 동서문화사

21.《산림경제》, 홍만선 지음, 한국고전번역원

22.《삼국지연의》, 나관중 지음

23.《세상에 대하여 우리가 더 잘 알아야 할 교양: 공정무역, 왜 필요
할까?》, 아드리안 쿠퍼 지음, 전국사회교사모임 번역, 박창순 감수,
내인생의책

24.《수신기》, 간보 지음, 임동석 옮김, 동문선

25.《술이기》, 조충지 지음, 김장환 옮김, 지식을만드는지식

26.《신선전》, 갈홍 지음, 한국고전번역원

27.《아른아른 아일랜드 전설》, 마거릿 심슨 지음, 이경덕 번역, 주니어
김영사

28.《아찔아찔 아서왕 전설》, 마거릿 심슨 지음, 이경덕 번역, 주니어김
영사

29.《에다 이야기》, 스노리 스툴루손 지음, 이민용 번역, 을유문화사

30.《연려실기술》, 신석초 지음, 이재호 옮김, 한국고전번역원

31.《영웅 시대-만화 그리스 로마 신화 3》, 변영우 지음, 두산동아

32.《용재총화》, 성현 지음, 한국고전번역원

33.《용천담적기》, 김안로 지음, 한국고전번역원

34.《용헌집》, 이원 지음, 한국고전번역원

35.《인간의 얼굴을 한 시장 경제, 공정 무역》, 마일즈 리트비노프 존
    메딜레이 지음, 김병순 번역, 모티브북

36.《조선과 그 이웃 나라들》, 이사벨라 버드 비숍 지음, 신복룡 옮김,
    집문당

37.《중국을 말한다 10》, 허청웨이 진얼원 귀젠 지음, 김춘택 번역, 신
    원문화사

38.《중동사》, 김정위 지음, 대한교과서

39.《지봉유설》, 이수광 지음, 한국고전번역원

40.《켈트족이 꿈틀꿈틀》, 테리 디어리 지음, 남경태 번역, 주니어김영사

41.《태평광기》17권, 이방 지음, 김장환 외 옮김, 학고방

42.《헤로도토스 역사_상》, 헤로도토스 지음, 박광순 번역, 범우사

1. (12쪽) 수박, 북앤포토
2. (16쪽) 수박과 들쥐, 국립중앙박물관
3. (22쪽) 수박을 받고 기뻐서 춤을 추는 흑인들, Wikipedia
4. (25쪽) 수박을 먹는 흑인 소녀, Wikipedia
5. (25쪽) 흑인 노동자와 수박, Wikipedia
6. (30쪽) 사과, 북앤포토
7. (31쪽) 아탈란테 황금 사과, Wikipedia
8. (34쪽) 아서왕의 마지막 잠, Edward Burne-Jones, Wikipedia
9. (37쪽) 에덴동산의 선악과, Vatican Pinacoteca 소장, Wikipedia
10. (41쪽) 뉴턴의 사과나무, Wikipedia
11. (43쪽) 잡스와 애플, 연합뉴스
12. (46쪽) 귤, 김은주
13. (47쪽) 삼국지연의, Wikipedia
14. (48쪽) 조조, Wikipedia
15. (58쪽) 제주 감귤, 김은주
16. (64쪽) 감, 셔터스톡
17. (65쪽) 홍시, 북앤포토
18. (70쪽) 이순신 장군 초상, 북앤포토
19. (80쪽) 포도, 셔터스톡
20. (84쪽) 포도주로 변한 물, Schnorr von Carolsfeld Bibel in

Bildern, 1860, Wikipedia

* 사진 저작권 계약 진행: 〈북앤포토〉